志愿者背影

微笑礼仪

行走礼仪

手势礼仪①

手势礼仪②

手势礼仪③

手势礼仪④

志愿服务礼仪

纪亚飞 著

中国纺织出版社有限公司

内 容 提 要

随着精神文明建设的有力推进，我国志愿服务事业获得了快速发展，志愿者的队伍不断壮大。与此同时，提高志愿服务质量也成为一个关键话题。本书致力于规范志愿服务礼仪，内容涉及志愿服务、志愿服务礼仪的内涵和外延，志愿服务的形象礼仪、仪态礼仪、沟通礼仪及线上礼仪，旨在为推进志愿服务质量的提高提供有力支撑。

图书在版编目（CIP）数据

志愿服务礼仪 / 纪亚飞著. --北京：中国纺织出版社有限公司，2023.8

ISBN 978-7-5229-0406-1

Ⅰ. ①志… Ⅱ. ①纪… Ⅲ. ①志愿—社会服务—礼仪 Ⅳ. ①C916.2

中国国家版本馆CIP数据核字（2023）第044632号

责任编辑：刘 丹　　责任校对：王花妮　　责任印制：储志伟

中国纺织出版社有限公司出版发行

地址：北京市朝阳区百子湾东里A407号楼　邮政编码：100124

销售电话：010—67004422　传真：010—87155801

http://www.c-textilep.com

中国纺织出版社天猫旗舰店

官方微博 http://weibo.com/2119887771

北京华联印刷有限公司印刷　各地新华书店经销

2023年8月第1版第1次印刷

开本：880×1230　1/32　印张：6.5　插页：2

字数：116千字　定价：49.80元

凡购本书，如有缺页、倒页、脱页，由本社图书营销中心调换

前言

志愿服务是社会文明进步的重要标志，是加强精神文明建设、培育和践行社会主义核心价值观的重要内容，也是中国人民奉献爱心的积极渠道。当前志愿服务发展迅速，日渐成为全面深化改革、创新社会治理的重要举措，受到高度关注和重视。

随着越来越多普通人参与到志愿服务中来，我们发现只要有意愿就有机会去做奉献。志愿者这个词也渐渐为我们所熟知，甚至就是我们自己，就是我们身边的人。志愿者将服务他人、服务社会的精神践行并传播，重大赛会、防汛抗洪、抢险救灾、疫情防控……越来越多的人成了志愿者，实现着自我价值并让世界看到了中国力量。

新时代我们必须坚持以我国关于志愿服务的重要论述为指导，积极推动志愿服务有效融入基层社会治理之中，从而切实提升基层社会治理的社会化水平。我国正向第二个百年奋斗目标迈进。志愿服务要成为第二个百年奋斗新征程的有力推手，成为创新基层社会治理的重要力量。

志愿服务正在生机勃勃地发展并传播着，参与人数越来越多，这种人人都可以体现并参与的正能量行为发生着不可思议的裂变，同时也对更好地支持"志愿服务"提出了新的挑战。

越可贵越需要珍惜

"志愿精神"是一种温暖的善意，一直流淌在中国人的血脉之中，有时沉默得似乎不那么波澜壮阔，却静水深流。所以，当需要的时候，当有机会的时候，我们就看到了不穿红马甲的中国志愿者，他们似乎无处不在。甚至不需要号令，也不需要证件，他们就会站出来、行动起来。这种珍贵的民族精神，就在我们的心里，在新时代被有力地激发出来。同时在组织志愿服务时，我们也需要保护这种善意与爱心。

越普及越需要规范

志愿服务是一项社会公益活动，比如北京冬奥会的"小雪花"、重庆山城的"摩托骑士"、疫情防控的"社区阿姨"，"志愿服务"已经成为一种精神流行，很多人都以能参与志愿服务而感到自豪。志愿者是指一种基于道德、良知和社会责任等因素，自愿奉献个人时间和精力，为社会无偿提供服务的人。而这种精神在今天获得了极大的认同和支持，应运而来的挑战就是不仅要有一腔热情，还要确保有做好事情的能力。热情和勇气非常可贵，但志愿者也需要有规范的组织，才能够"好心办好事"，才能够真正体现志愿精神。

高质量的服务需要高质量的培训

2022年1月17日，中国社会科学院社会学研究所与社会科学文献出版社共同发布了《慈善蓝皮书：中国慈善发展报告（2021）》。蓝皮书指出，2020年，经过新冠肺炎疫情的洗礼，中国志愿服务发展达到一个新的里程碑高点：志愿者总量2.31亿人，其中有8649万名活跃志愿者，通过79万家志愿服务组织提供志愿服务时间37.19亿小时，贡献人工成本价值1620亿元。志愿者为社会贡献了力量，也促进了社会的建设与发展。

志愿服务正在生机勃勃地发展并传播着，参与人数越来越多，志愿精神也越来越成为新时代"心流行"，这种人人可以体现并参与的正能量行为发生着不可思议的裂变，同时也对更好地支持"志愿服务"提出了新的挑战。

我国志愿者队伍不断壮大。与此同时，提高志愿服务质量也成为一个关键话题。一腔热情参与进来，但真正服务时又觉得技能、心态和技巧都有欠缺，有时甚至力不从心，基于此，给予志愿者及时有效的培训就显得尤为重要。

本书从志愿服务、志愿服务礼仪的内涵和外延入手，介绍了志愿服务的形象礼仪、仪态礼仪、沟通礼仪及线上礼仪，旨在帮助志愿者更好地做好志愿服务工作，从而为规范志愿服务礼仪，为推进志愿服务质量的提高提供有力支撑。

纪亚飞

2023 年 2 月

目录

引言　万众一心的时刻 / 1

第一章　大爱无疆，志愿服务知多少

第 1 节　志愿服务的起源与发展 / 6

第 2 节　志愿服务的定义与内涵 / 10

第 3 节　志愿服务的精神与价值 / 16

第 4 节　志愿服务的收获与成长 / 19

第二章　弘扬新风，中国志愿在行动

第 1 节　中国志愿服务发展历程 / 32

第 2 节　中国志愿服务特色 / 41

第 3 节　新时代文明志愿先行 / 46

第 4 节　志愿者培训的三个维度 / 50

第三章　仁者爱人，中国志愿服务中的礼仪精神

第 1 节　中国志愿服务中的礼仪精神 / 56

第 2 节　志愿服务礼仪的定义与原则 / 59

第 3 节　自达达人的团队礼仪精神 / 66

第 4 节　志愿服务时间管理礼仪 / 72

第四章　形象礼仪，志愿者逐光而行的样子

第 1 节　志愿者形象的内涵 / 80

第 2 节　"四步阶梯"呈现得体形象 / 88

第 3 节　仪容礼仪清新雅致 / 94

第 4 节　由静到动，志愿者形象管理 / 98

第五章　仪态礼仪，志愿者最闪亮的名片

第 1 节　恰当的目光交流令人如沐春风 / 104

第 2 节　灿烂的微笑具有温暖世界的力量 / 110

第 3 节　行为举止，无声却有形的尊重 / 116

第 4 节　掌握分寸的位置礼仪 / 124

第六章 沟通礼仪，创造恰到好处的服务感

第 1 节　一开口就温暖的语言礼仪 / 132

第 2 节　志愿服务中的礼貌用语 / 139

第 3 节　让人愿意听的说明与讲解 / 144

第 4 节　这样做，沟通才有意义 / 156

第七章 数字时代，线上志愿服务也有礼

第 1 节　线上服务礼仪精神 / 166

第 2 节　线上通知公告礼仪 / 173

第 3 节　线上会议礼仪规范 / 180

第 4 节　线上沟通礼仪规范 / 190

引言　万众一心的时刻

那里本没有路❶
是无数志愿者的脚步
那路本没有灯
是无数志愿者的头灯
照亮了重庆儿女用身躯
铸造的防火长城

摄影师周瑄的这段话打动了无数网友，也让人们看到了山城儿女用身躯铸成的防火长城的珍贵瞬间。参与抗击山火的人民群众的头灯发出的蓝色灯光，与红色火光形成了鲜明对比，人民群众头顶星光直面火魔，用血肉铸成了一道道新的防火长城。

2022年8月的重庆山火牵动着国人的心弦。而今，山火褪去，一幅幅感人的画面依旧在脑海闪现。这场山火让我们见证了英雄精神和人民力量，这份精神和力量来自消防官兵的忠于职守，来自摩托骑士的一呼百应，来自志愿者的勇往直前，更来自每一个平凡人的温暖守护。

---

❶ 本段文字来自摄影师周瑄的微博＠摄影周瑄。

森林大火是最难扑救的大火，不仅仅因为这是人与大自然之间的斗争，更因为森林本身的地理位置、气候特点决定了灭火的难度，气温高、着火点多、植被厚，山高路险，装备到达的难度大等。在重重阻力面前，两万多人的灭火大军不畏困难、充满智慧、决不放弃、齐心协力，最终取得了胜利。

"面前是漫天山火，身后是万家灯火。"这个场景让无数人为之动容。最美逆行者是他们的标签，火情就是命令，勇敢逆行是他们的日常，武警、消防战士是守护人民安全的英雄，而人民是支撑他们前进的力量和坚强的后盾。

在这次火灾面前，无数市民成为自告奋勇的志愿者，传递温暖与大爱，提供强大的后援保障，让消防战士随时能够有灭火器具的补给，有必需的物资保障，吃得上有温度的饭菜，在高温天气里能喝得上冰水，在奋勇作战的时候身后有呐喊和支援。

他们以"志愿者"之名成为消防前线的"后援战队"。

这是我们的家，必须守住。
我是党员，我先上。
我当过兵。
我在2008年救过灾。
我们只是普通人，哪里有需要，我们就去哪里
……

这就是山火之下的大后方,有普通民众组成的摩托大军、徒步大军和"防火长城"。他们是一座城的守望相助,每个人心手相连,便使这座城无坚不摧、战无不胜,这是重庆雄起的底气。

孔子说,泛爱众,而亲仁。仁爱精神是中华优秀传统文化的重要内容。这不就是志愿精神最好的注解吗?自古以来就有无数仁人义士在需要的时候挺身而出,那是我们血液里的精神,时时都在无声涌动。

孟子说:"仁者爱人。有礼者敬人。爱人者人恒爱之;敬人者人恒敬之。"儒家学说的爱人就是一种博爱的精神,这种爱既是对自己亲人的爱,也有对他人的爱,这是一种如涟漪般层层推开的大爱。

在我国,志愿者不是一个崭新的称呼,中国人自古就有志愿情怀。中国志愿服务思想起源于华夏远古祖先,五千年历史源远流长,众多忠肝义胆仁人义士,在历史长河中留下了一个个令人称赞的故事。

中国文化自古以来就有志愿服务的基因,而今就是在传承与发展。

第一章
大爱无疆，志愿服务知多少

第1节　志愿服务的起源与发展

志愿服务起源于19世纪初西方国家宗教性的慈善服务，英文"慈善"一词来源于拉丁语Caritas，意思是对他人的爱，对有需求的人行善和慷慨施舍。

志愿活动在世界上已经存在和发展了一百多年。据北京大学志愿服务与福利研究中心主任丁元竹介绍，中国最早的志愿者来自联合国志愿人员组织。

第二次世界大战以后至冷战结束，西方国家的志愿服务工作进一步规范化，而且扩大成为一种由政府和私人社团举办的广泛性的社会服务工作。志愿服务正以其突出的社会效益受到越来越多国家和政府的重视。许多国家的志愿服务活动起步早、规模大、社会效益好。它们在国内有广泛的群众基础和良好的社会声誉，已逐渐步入组织化、规范化和系统化的轨道，形成了一套比较完整的运作机制和国际惯例。一些国际志愿组织也具有了越来越大的影响力、组织力和实践力。

一、国际民众服务组织

组建：1920年瑞士人皮埃尔·赛里索尔和他的朋友们组建

了一个工作营，帮助人们重建家园。他于第一次世界大战结束后组织的和平人道主义活动为今天的国际民众服务组织奠定了基础。

成立：这项活动很快得到当地政府和人民的支持，后来他们为自己的组织取名为"国际民众服务组织"。

发展：现在国际民众服务组织是一个通过组织各年龄、背景的人们参与国际义工活动从而宣传世界和平文化的公益组织。它由45个支部组成，合作伙伴遍布世界85个国家。

国际民众服务组织提供多种志愿机会，不仅包括短期，还有中期和长期的志愿项目，并且还提供到其他国家分部成为会员，以及接受讲座、培训的机会。多年以来，国际民众服务组织也组织过一些国际活动来增强人们对当地问题的认知，这些活动涉及内容广泛，例如气候变暖、发展中的教育问题、志愿精神、和谐社会等。

二、国际志愿服务协调委员会

创立：1948年4月22日由联合国教科文组织发起创立。

宗旨：国际志愿服务协调委员会旨在通过弘扬志愿服务促进各国、各地区人民，特别是青年间的友谊、理解与合作，推动发展中国家的进步，深化各界人士、特别是青年的服务意识和奉献精神。

发展：该组织从属于联合国开发计划署，是联合国系统内最大的直接向发展中国家输送各种行业高中级专业技术志愿人员的组织。

1993年以来，该组织与中华全国青年联合会交往密切，成为中国在国际志愿服务领域的合作伙伴之一。1997年，中华全国青年联合会作为国际劳动营的组织者之一，第一次参加国际志愿服务协调委员会。

三、红十字国际委员会

创立：红十字国际委员会是1863年10月29日由瑞士人亨利·杜南倡议成立，当时称为"伤兵救护国际委员会"。19世纪中叶，在意大利的北部，法意奥三国军队发生了激战，战后尸体遍野，血染山岗。亨利·杜南开始了民间救护宣传和组织工作，呼吁各国成立救护团体。

宗旨：根据《日内瓦公约》的规定，该委员会以中立团体的身份对战争受难者进行保护和救济，受理有关违反人道主义公约的指控，致力于改进和传播人道主义公约，与有关团体合作培训医务人员，发展医疗设备。

意义：红十字不仅是一种精神，更是一面旗帜，跨越国界、种族、信仰，引领着世界范围内的人道主义活动。

中国红十字会是中国人民卫生救护团体。成立于1904年，建会以后从事救助难民、救护伤兵和赈济灾民活动，为减轻遭受战乱和自然灾害侵袭的民众的痛苦而积极工作，并参加了国际人道主义救援活动。新中国成立后，中国红十字会于1950年进行了协商改组，周恩来同志亲自主持并修改了《中国红十字会章程》。其任务是发扬救死扶伤的革命人道主义精神，在国内协助政府卫生部门，动员和组织人民参加群众性的卫生救护、输血、战备救护训练等活动；在国际活动中，促进各国人民之间友好互助合作，进行灾难救济。

四、联合国志愿人员组织

创立：联合国志愿人员组织，由1970年联合国大会通过决议组建。总部原设在瑞士日内瓦，后于1996年7月移往德国波恩。它是联合国系统内一个独特的机构，从事和管理与国际志愿者事业相关的各类事务。

宗旨：联合国志愿人员组织是联合国组织，旨在通过志愿服务促进和平与发展。

发展：该组织从属于联合国开发计划署。2008年北京奥运会期间，联合国志愿人员组织与政府以及志愿服务机构进行合作，培训了7500名志愿服务管理者。同年参与中国汶川大地震救援合作项目。

五、国际志愿者协会

创立：国际志愿者协会始建于1970年，由一群来自世界各地的志愿者组成，他们因为共同意识到了志愿服务是一种可以互通不同国家文化的方式而走到了一起。

目标：国际志愿者协会旨在促进、加强和推进全球志愿服务的发展。

发展：国际志愿者协会在全球拥有七十多个国家和地区的成员，已经成为一个志愿者、志愿者组织、各个国家和地区代表及志愿者中心的全球志愿服务网络。

该组织的运行工作完全由志愿者来承担。其最著名的是两年一度的全球志愿者峰会及下属的青年志愿者会议。自1970年以来，国际会议已经进入了一个完整的运行轨道。由各个国家的协会成员竞标来争取会议主办权，并最终推动了会议在全球范围内扩展。

2001年1月在阿姆斯特丹举行的国际志愿者协会全球志愿者峰会被正式确认为联合国国际志愿者年的开幕活动。全球志愿宣言在会议上被采纳。

注：本节部分内容参考了《2010广州亚运会志愿者通用读本》（中山大学出版社，2009年出版）。

第2节　志愿服务的定义与内涵

志愿服务为发达国家和发展中国家福利的提高和社会进步做出了重要贡献。它是各国和联合国进行人道主义援助计划、技术合作、改善人权、促进民主与和平的重要组成部分。志愿服务突出地表现在非政府组织、专业协会、工会等其他民间组织的活动中。许多社会运动，比如在消除文盲、免疫和环境保护等领域，都主要依靠志愿者的帮助。

一、志愿服务的定义

《志愿者服务条例》中指出，志愿服务是指志愿者、志愿服务组织和其他组织自愿、无偿向社会或他人提供的公益服务。该条例还明确规定："开展志愿服务，应当遵循自愿、无偿、平等、诚信、合法的原则，不得违背社会公德、损害社会公共利益和他人合法权益，不得危害国家安全。"

志愿服务是志愿者组织、志愿者服务社会公众生产生活和促进社会发展进步的行为。

北京市公共文明引导志愿服务队伍是推行"做文明有礼的北京人"的一支重要生力军，他们的服务范围包括公交地铁站台、交通路口、赛场等。多年来围绕"做文明有礼的北京人"主题，全面开展礼仪、环境、秩序、服务、观赏、网络六大公共文明引导行动。

在北京的街头，在重大活动中，繁华闹市区经常可以看到他们的身影。这支队伍充分发挥了精神文明宣传员、文明礼仪示范员、排队乘车引导员、交通文明协管员、治安防范信息员、群众困难排解员、站台环境维护员、公共文明观察员"八大员"的作用。

他们已经成为北京人熟悉的一支队伍，也成为街头文明风尚的代表，他们付出时间、精力为北京这座城市增添光彩。

志愿服务在中国已经越来越具有广泛的群众基础，无论是年龄还是职业，无论是项目内容还是项目形式，都有了更多元的发展。志愿服务不仅仅存在于我们所熟悉的救灾救援等紧急服务领域，还不断拓展到我们生活的方方面面。

2023年北京市陈经纶中学初三年级腾龙一班在学校的支持下开展了科普志愿行活动。2023年1~2月陈经纶中学初三年级腾龙一班的同学们利用寒假为四川平昌县笔山镇小学的同学们开设"有趣的科学实验"科普讲座。通过有趣的科学实验课程，小学生了解科学知识，学习实验原理，激发对科学探索的兴趣，像科学家那样在进行科学探究的过程中，体验科学的乐趣，领悟科学的本质。通过参与实验，可以提高学生们缜密思考的能力和积极的动手能力，同时在一次次的实验中，不断挑战自我。

"有趣的科学实验"视频讲座，由同学为同学讲解，让初中生走进小学生的视野，在老师的指导下选择科学、有趣、适合的小实验分享给小学生。该项目获得了小学生们的热烈反馈，他们在学习实验并掌握了实验原理后纷纷进行模仿实验。可爱的同学们像模像样地操作实验，并进行讲解，让科学知识更加融会贯通，在活动中提高了自己的语言表达能力和动手操作能力，同时激发了对科学的探究兴趣。

二、志愿服务项目

志愿服务项目是指在一定的周期内，面向特定服务对象或领域开展的，具有明确的服务目标、服务时间、服务内容和服务保障的志愿服务活动。

2016年的"众筹声音、讲述历史"传承历史记忆志愿者行动项目就具有特定意义。这个项目由侵华日军南京大屠杀遇难同胞纪念馆与南京广播电视集团联合举办，活动以讲述南京大屠杀时期历史事件的方式让青年一代更好地铭记这段历史。

记录南京大屠杀史实的图片和文字有很多，但这是第一次召集这么多的志愿者、以声音的方式来缅怀这段悲壮历史，让历史在这一段段声音中传承下去。

"众筹声音、讲述历史"的活动正是通过全世界爱好和平人士的合力，希望用最有温度的声音，抒写出一份份不可忘却的"世界记忆"。

2020年，《中国科协·中央文明办关于组织实施科技志愿服务"智惠行动"的通知》中提出在全国范围内广泛开展以科技惠民、科学普及等为主要内容的科技志愿服务"智惠行动",号召社会各方力量支持参与科技志愿服务。在此倡导下,我国掀起了一股科技志愿服务热潮,涌现了一批形式多样的科技志愿服务项目。

西北农林科技大学博览园科普服务队就是其中一支队伍,在中国农学会的指导下,西北农林科技大学博览园科普服务队推出"小昆虫大科技"科普志愿服务项目。该项目自主研发动植物和农耕的19项研学体验课程,依托西北农林科技大学博览园昆虫博物馆等五大科普基地,开展科普展览、专家咨询、技术指导等活动,有效提升了青少年的科学热情和群众的科学素养。

科普基地融合研学课程。该项目依托西北农林科技大学博览园昆虫博物馆、中国农业历史博物馆、动物博物馆、植物博物馆、土壤博物馆等优质资源,开展农耕体验、昆虫音乐季、蝴蝶文化季等形式多样的科普活动,将博物馆资源与课程体系互融互构,极大地丰富了科普志愿服务的内容与形式。

教育帮扶助力乡村振兴。该项目将优质科教资源输送到贫困地区中小学,将科普服务与中小学课程紧密结合,为当地学生提供了更多享受科普教育的机会,有助于提升学生的科学文化素养,从而助力乡村振兴战略。

三、志愿者的定义

2017年我国第一部关于志愿服务的专门性法规《志愿服务条例》正式实施。在条例中进行了这样的定义：志愿者是以自己的时间、知识、技能、体力等从事志愿服务的自然人。志愿者的英文为Volunteer，意为意愿，充分体现了志愿者的自觉、自愿、自发的行为基础。

在西方，志愿者被认为是在职业之外，不求任何物质报酬，为改进社会而提供服务，贡献个人时间和精神的人。

在我国港澳台地区，志愿者又被称为"义工"或"志士"。

四、志愿服务的特性

志愿性：志愿服务是不受他人指使和强迫，自主自发一致进行的活动。主动和"我愿意"是核心的出发点，也正是这项活动的意义，自觉自愿具有更为强大的内在驱动力。

无偿性：不期待金钱回报，是纯粹意义上的非营利性实践行为，无报酬是区分志愿服务和营利性行为的根本特性。

利他性：这是基于尊重他人生命、维护与促进人类共同价值的特性，是志愿服务的普遍性特征。

五、国际志愿人员日

1985年12月17日，第四十届联合国大会通过决议，从1986年起，每年的12月5日为"国际促进经济和社会发展志愿人员日"（International Volunteer Day for Social and Economic Development,

简称国际志愿人员日）。其目的是敦促各国政府通过庆祝活动唤起更多的人以志愿者的身份从事社会发展和经济建设事业。

第3节　志愿服务的精神与价值

北京市朝阳区依托新时代文明实践中心、所、站，充分发挥阵地作用，扩大志愿服务队伍建设，不断深化新时代"朝阳群众"品牌内涵，分众化、具象化倡导开展"微火聚光"主题志愿活动。

北京市朝阳区有43个街乡，但在百子湾却有个"第44街道"，在这个特殊的"街道"里有约50名志愿者，他们组成电话流调青年志愿服务队，为街乡疫情防控流调工作提供有力支援，他们来自朝阳区多家爱心企业以及北京信息科技大学、对外经济贸易大学、北京第二外国语学院等高校。

说起"第44街道"这个名字的由来，社区青年汇社工杨洁笑着说："我们这50人来自全区的43个街乡，所以大家干脆给我们这个服务队取名'第44街道'。"

在北京市朝阳区"微光聚火奉献友爱"的精神已经成为一种风气，从我做起，从现在做起，也成为"朝阳群众"的志愿精神。

联合国志愿人员组织把志愿精神表述为"志愿精神是一种在自愿、不计报酬或收入的条件下参与推动人类发展、促进社会进步和完善社区工作的精神"。

我国的志愿精神体现为：奉献、友爱、互助、进步。这是中华民族传统美德、时代精神和人类共同文明的有机结合。

一、奉献

"奉献"理念突出表达了志愿者对他人、社会和国家的道德责任，犹记得"建党百年"庆祝活动中青少年在天安门广场洪亮的声音"请党放心、强国有我"。立鸿鹄之志，争乾坤之气，这是中国青少年的志气，也是社会的精神风貌。

北京怀柔应急救援协会是应急救援领域的专业化民间组织，2012年"7·21"北京水灾，特大暴雨形成的山洪冲垮了房山区数个村庄，救援队听到灾民很多，尤其是严重缺少干粮、水等重要生活物资消息后，连夜召集了所有队员，15人共分三组，划分了负责救助的区域，调集了急救物资，全体队员连夜装车顾不上休息，24日凌晨从怀柔出发开车205千米到达房山灾区，又于27日和8月1日再次输送了生活物资，救援队在房山灾害现场连续工作5日，发放救灾物资近千份；往返来回总共1200多千米的路程。正是他们的无私奉献，为受灾群众带去了希望和有力的救援。

二、友爱

"友爱"理念强调志愿者要具备对他人友善的道德情感，志愿服务就是一种以友爱为情感底色的爱心服务，传递出来的是与人为善、助人为乐的人间真情。管仲曾言"善气迎人，亲如弟兄；恶气迎人，害于戈兵"，志愿服务既以"爱"为初心，就应以"友善"为呈现的面貌。

三、互助

"互助"理念倡导"赠人玫瑰、手留余香"，志愿服务不应是志愿者的单向付出，更不是单纯强调牺牲个人利益，而是倡导志愿服务双方、志愿者群体之间互相关心、互相帮助，从而使利他与利己有机统一。

在社区群里，志愿者的服务往往都能得到理解与支持，经常看到群消息排队整齐地发出"谢谢志愿者，辛苦了"的暖心话语，让志愿服务行为获得了支持和无形的奖励。当然，也能够看到志愿者阅读后愉快地回一句"不辛苦，很开心为大家服务"。

志愿文明改变生活，志愿服务成了一种光荣和自豪的使命。

四、进步

"进步"理念强调志愿者把志愿活动与服务国家、奉献社会有机结合起来，使个人成长的同时促进社会进步。

微光成炬，志愿同行。在中国，我们看到支教志愿者扎根在乡村，为山区孩子们带去饱满的精神食粮；讲解志愿者立足展馆、博物馆，以一馆一地为平台讲述着中国故事和中国力量；交通志愿者活跃在交通枢纽，为旅客排忧解难；科技志愿者利用互联网技术为人们传播爱与知识，让更多人随时代前行而不掉队；文艺志愿者走进乡村、草原、大山里，用文艺的力量传播时代文明……多姿多彩的新时代文明实践活动把一系列接地气、聚人气、有生气的志愿服务送到百姓家门口，有温度、有态度、有速度。

第4节　志愿服务的收获与成长

2022年成都世乒赛团体赛于9月30日至10月9日在成都市高新体育中心举行。颁奖服务、兴奋剂检测、检查证件、发放盒饭……赛事期间，来自四川大学、电子科技大学等7所当地高校的370名志愿者出现在成都世乒赛团体赛的各个角落。

自开赛以来，服务于比赛场馆、运动员入住酒店的志愿者们为保障比赛顺利进行付出了辛勤的汗水，而高新体育中心里的"志愿者之家"，就是他们的温馨小窝。这里的各类活动不仅丰富了志愿者们的日常生活，也让世乒赛志愿服务和体育竞赛精神紧密连接。

踏入"志愿者之家"的大门，飘扬的高校旗帜和贴满照片的展示墙最为醒目。不管是"希望中国女乒夺得冠军"的美好愿景，还是"一盒盒饭不够吃，我想再吃一盒"的生活需求，青年志愿者们只要将自己的心愿写出来，在这里都能得到回应。赛事期间，志愿者是与运动员、媒体等外国友人接触最多的团体，成了他们眼中中国青年的缩影。"因为不只代表自己，我们希望表现出积极向上、善良乐观的中国青年志愿者形象。"

作为世界瞩目的乒乓球盛会，2022年成都世乒赛团体赛的志愿服务工作量庞大，工作内容也十分复杂。而为了保障志愿者们的工作和生活，场馆里的"志愿者之家"给大家营造了轻松的环境。"志愿者之家"里准备了各类图书、Switch游戏、小型乒乓球台、讯飞翻译机、急救包等生活、医疗、学习、娱乐物资供志愿者使用。为志愿者提供了面包、方便面、自热米饭、巧克力、速溶咖啡、奶茶等补充餐食。为防控疫情，"志愿者之家"里还有足量的消毒湿巾、N95口罩、酒精喷雾等防护物资供志愿者做好自我防护，充分保障志愿者饮食、休息、学习、娱乐、防疫等需求。

从事志愿服务活动是一种具有丰富体验、成长和收获的有意义的行为。

一、精神收获

志愿服务所带来的奉献的愉悦和满足是其他快乐所不能比拟

的。从事志愿服务，能让我们开阔眼界、增长知识。

2022年北京冬奥会开幕式结束后，美国运动员泰莎·莫德的一条短视频火遍全网。视频中，泰莎·莫德激动地讲述着自己参加北京冬奥会开幕式的感受。一位"粉衣小哥"欢跳着挥舞双臂，对她热情地说"Welcome to China"。这一幕恰被泰莎拍下，正是他让泰莎每每想起便忍不住热泪盈眶。

海纳百川，有容乃大。实践证明，开放是国家繁荣发展的必由之路。面对世界格局的深刻调整，中国的态度是响亮的。正所谓"国之交在于民相亲，民相亲在于心相通"，世界不仅需要看到一个繁荣开放、文明自信的中国，还需要看到一个个阳光、有礼、开朗、大方、包容、真诚的中国人形象。"粉衣小哥"恰恰是"好客中国"的一位代表，是当代青年人中富有青春活力的一位。鸟巢的志愿者们跃动的舞步、热情的声音、灿烂的笑脸、充满活力的身姿，无一不给现场运动员和观众留下深刻印象。"粉衣小哥"的声音被听到不是偶然，那就是现场无数欢迎声中的一个组成部分，正是他们鲜活的面孔组成了"好客中国"的模样。

后续的故事当然也很有趣。在一众网友的接力寻找下，"粉衣小哥"被找到了。他是清华大学能源与动力工程系本科三年级学生孙泽宇，在北京冬奥会开幕式担任标兵志愿者。"粉衣小哥"知道自己将外国姑娘感动哭后，还特意写了一封英文回信，在给泰莎的信中，他发出了邀请，希望待疫情结束后，她再来中国走走。他愿意做她的导游，看一看美丽的中国。在泰莎和他的互动下，"粉衣小哥"的故事以一种外国人听得懂、喜欢听的方式呈现出来。

这封英文信很长，更让网友好奇的是这位"粉衣小哥"的学历，写作水平如此高，显然不是一般的学霸。随着社会的发展，高学历的人才越来越多，很多大学生在读完本科后继续深造，高学历也常常和高素质联系在一起，冬奥会的开幕式还有一道靓丽的风景，就是那些志愿者们，让我们看到了什么是高学历与高素质并存。

让世界更懂中国，让中国故事更好地传播，展示出真实、立体而全面的中国。我们通过交流了解世界，世界也通过交流了解中国。

这些精神收获显然是珍贵且无形的，给予我们强大的精神力量。

二、成长收获

每一次志愿服务活动，也许都是一次崭新的旅程。我们在参与中不断丰富自己的知识和技能，不断锤炼自己的心态和目标，不断开发自己的潜力和能力。在志愿服务中的培训、经历、经验都会成为一种人生储备，在未来的某刻闪闪发光。

（一）责任心

成为一名志愿者后，很多人更加具有责任心。

从 2020 年开始，我的儿子毛豆每年的寒暑假都会在北京的小学进行魔方教学活动，带领小学生们在假期学习魔方速拧技术。最初的愿望是希望小学生们假期培养更多的兴趣爱好，减少电子产品的使用，提升思考能力和动手能力。我们建立了校园魔方学习群，一步步视频教学后，同学们就自己拿着魔方练习，有疑问发视频到群里，毛豆同学再进行视频答疑。因为面对的很多是 6~8 岁的小学生，所以很多问题是简单的、重复的，而且在每次教完新的步骤后，问题都特别多。但毛豆同学非常有责任感，即使这个问题和上一个相同，他也不会回复"见上条视频"，而是再次耐心解答一遍，并且时时鼓励他们。在那一刻，我突然发现一件有意义的事情，成长的不只是小学生们，也包括毛豆自己，强烈的责任感就在他们的问询与答疑中建立了。"毛豆哥哥，你帮我看看为什么……""毛豆老师，就卡在这一步了，你看看……""谢谢毛豆老师。"

责任心不是讲故事、讲道理就能够建立的，而是在实践中慢慢形成的。

成为志愿者，从事志愿服务本身就增加了一个身份，也使自己有了责任感。

（二）归属感

通过志愿服务活动，结识了更多志同道合的人，在这样一个同频的集体里，被理解、被认同、被支持是一件特别珍贵和幸福的事情。我们常说"三观同"才能有持久的信赖，在志愿服务团队中，你很容易和自己身边的伙伴同频，你想要做的那些美好的事情也有了集体的支持。

（三）同理心

"君子莫大乎与人为善。"从事志愿服务能够培养我们设身处地地对他人的情绪和情感的觉知、把握与理解，也就是换位思考能力。不是所有的行动都有意义，真正有意义的行为是帮助到对方，并且真正为对方提供所需。

一位妈妈告诉我，在他的孩子成为北京一所名人故居的讲解员后，变得非常有同理心。

他不仅认真准备相关资料，主动承担讲解任务，并且学会了反思和改进，他开始观察游客的神情和表现，从而判断大家对哪些内容更感兴趣，甚至回家后录音试听，调整自己的语速。

"我一着急，有北京小孩特有的吞音，我得把每个字说清楚。"

"有时，我语速太快了，感觉小朋友跟不上我的速度。"

"大家喜欢听故事，我应该讲得更加生动一些。"

"妈妈你听听，这段内容我这样说，你有兴趣吗？"

这些都是孩子换位思考、富有同理心的自我成长。不只是孩子，很多志愿者都表达在从事志愿服务工作中越来越善于理解他人，愿意从对方的角度来思考问题了，好事做好才是真正的好事。

(四)表达力

通过志愿服务，有了很多与人合作交流、公开总结发言的机会，有了一个新的团队，大家需要彼此沟通和交流，促进工作，因此各司其职的志愿者们也有了更多开口表达的机会。甚至有些原本比较内向的人，在志愿服务工作的责任驱动下都变得勇敢大方。理论无法指导人生，只有实践才能实现自我成长。

多样和开放的志愿服务其实非常锻炼自我的能力，不仅仅是责任感、同理心、表达力、思考力、文字撰写能力、沟通能力，甚至很多技术能力也获得提升。有些志愿者身体变得更结实了，有些志愿者学会了修饮水机，有些志愿者学会了撰写发言稿、有些志愿者学会了写规范通知，有些志愿者学会了观察土壤的湿度变化，有些志愿者学会了打乒乓球。在有意义的活动中，我们的羽翼更加丰满，在一个有能量的集体中，我们能够从他人身上学习到很多本领。

"学而时习之，不亦说乎"，学习成长就是在一个个行动中完成的。

三、社交收获

因"志"而行，因"愿"而动，用自己的行动助力公益事业、为社会发展贡献力量。这些可爱的志愿者们利用业余时间，不为任何报酬参与社会服务，用坚持和爱心向社会传递正能量。

他们以更开阔的心态、更有力量的行动齐心协力去完成志愿服务，拓宽了社交网络，结识志同道合的朋友。

很多人在这个团队中找到了新的伙伴朋友，并且更有力量地携手同行。

2012年，北京市海淀团区委以区志愿服务联合会为枢纽和平台，策划推广了"海淀区社区志愿日"项目，将每月第一个星期六确立为"社区志愿日"，结合每月的节日特点，启动不同主题的集中性全区志愿服务活动。主题分别为：一月为"迎新送暖启程月"，二月为"传统文化弘扬月"，三月为"学习雷锋榜样月"，四月为"绿色环保推广月"，五月为"舞动青春奉献月"，六月为"七彩童年关爱月"，七月为"红色经典传承月"，八月为"拥军爱民共建月"，九月为"尊师重教感恩月"，十月为"温暖夕阳敬老月"，十一月为"健康安全普及月"，十二月为"志愿成果展示月"。

项目启动后，吸引了很多志愿者和群众参与活动，极大地营造了全区浓厚的志愿服务氛围。结合传统节日开展主题服务，调动区域居民、高校学生等群体积极注册成为志愿者，加强专业志愿服务队伍打造，骨干志愿者培训。

"社区志愿日"满足了"在家门口做志愿"的心愿，形成了"关爱他人、关爱社会、关爱自然"的区域志愿服务领域全覆盖，也由此形成了一个个志愿服务小分队，他们距离较近，集结方便，很多人也成了志愿工作伙伴和彼此的朋友，分享收获，共同进步。

四、履历收获

有的国家将志愿服务列入学生考核项目，志愿服务是国际社会普遍重视的"通用名片"。

我国同样非常重视，志愿服务成为学习、工作和生活中不可或缺的一部分，因其广泛的群众基础和良好的社会声誉，越来越多的中国人愿意参与志愿服务活动，服务时间也相对较长，创造了很高的社会价值。

2020年5月，教育部发布《普通高中课程方案和语文等学科课程标准（2017年版2020年修订）》，规定志愿服务成为高中必修课，三年参与志愿服务不少于40小时。

志愿服务被当作一种义务，是比学习成绩更加重要的考核内容，学生们被要求在特定的时间完成，并特别注重学生在活动中实践能力的提升。

"十四五"规划建议明确提出"拓展新时代文明实践中心建设"。新时代文明实践的主体方式是志愿服务，主要力量是志愿者。

随着新时代文明实践的大力推动，有效促进志愿服务事业的发展，也有越来越多的人在自己的履历中加入了"志愿服务"这一浓墨重彩的一笔。

五、职场收获

参加志愿服务活动，也经常要开发新技能，学习新本领，就如同在很多岗位，也需要多种能力。

毫无疑问，你所学习到的新知识和技能，都是个人的宝贵财富，也一定不只运用在志愿服务领域，同时也会广泛运用于职场、家庭、校园生活中。

中华人民共和国第十四届运动会于2021年9月15日至9月27日在陕西省举行，我负责了颁奖礼仪培训工作。在密集的培训中，大学生志愿者们学习了礼仪素养、形体仪态、颁奖流线、阳光心态等知识，她们在全国十四运颁奖活动中的敬业精神和精彩表现赢得了一致赞誉。更重要的是比赛结束之后，她们也拥有了很多实践机会，她们参与了很多大型会议、重要赛事的活动，并且拓展了自己的实习领域，甚至成为未来走入职场的重要技能。

举一反三、融会贯通对于她们来说一点都不难,因为在培训中颁奖礼仪志愿者需要负责颁奖嘉宾的接待、讲解和引导工作,而这些规范毫无疑问也是职场中的常用场景。我也因此听到她们报告给我的好消息:"纪老师,幸好我做了十四运颁奖礼仪志愿者,学习了接待及颁奖礼仪知识,今天我全部都用在了我们公司的新品发布会上,表现特别好。"

通过参与庆祝中华人民共和国成立70周年、庆祝中国共产党成立100周年、北京冬奥会等大型活动,相关志愿者的综合素质和专业化服务水平都获得了明显的提高,也必会将所学所能运用到自己未来的生活和工作中。

志愿服务不是一味地付出,那些收获也必定会在人生中闪光。

心志愿,向未来!

第二章
弘扬新风,中国志愿在行动

第1节　中国志愿服务发展历程

志愿服务项目是践行社会主义核心价值观的有效载体和重要途径，我们应崇尚志愿精神，努力成为有道德、有担当、有情操、有格局的人。

中国志愿服务的发展经历过这样几个阶段。

第一个阶段：孕育阶段（1986年以前）

当代中国最早的志愿服务莫过于"学雷锋"。"学雷锋"活动可以说是新中国成立初期最具有志愿服务色彩的行动，为以后志愿服务事业在中国的发展打下了良好的基础。

第二个阶段：萌芽阶段（1987—1993年）

20世纪80年代末，位于我国南方的一些城市走在改革浪潮的前沿，如广州、深圳等地，人们借鉴香港、澳门等地从事志愿服务事业的"义工组织"的工作方法和经验，将学到的与我国内地的"学雷锋"活动相结合，取长补短、因地制宜，开展志愿服务活动，也由此打开了我国志愿服务的新局面。

到了20世纪90年代，我国开始采用国际社会对公益活动的通用表述"志愿服务"，其间经历了大概三十年的时间。

经过基层群众创造，政府部门大力推广，志愿服务事业在20世纪在全国范围广泛铺开。"志愿者"不再仅仅是一种称呼，而日渐成为公民的一种精神内涵和生活方式。

1991年7月5日，中国社会工作者协会第一次会员代表大会暨成立大会在北京人民大会堂召开。它下设志愿者工作委员会，在全国范围内发动社区志愿者的建设，成立中国最大的志愿者门户中国社区志愿者网站，搭建中国志愿服务支持平台，为志愿服务发展募集社会资源。

志愿事业与社会文明、人文精神的传播有密切的关系，在社会主义精神文明建设中具有越来越重要的作用。很多地区的志愿活动依托精神文明建设委员会领导与推动的方式，取得了非常好的效果。

1990年的北京亚运会，无论是资金还是人员，无论是设施还是经验，都面临困难，然而举办一届让世界另眼相看的成功亚运会是全社会的共同目标。在那个朴实真诚的年代，"无私奉献"绝不仅仅只是四个干瘪的汉字，当时成千上万的志愿者满怀热情地忙碌在北京亚运会的各个岗位，认为能够参与亚运、服务亚运是一种荣誉，也是为国争光的义务。

1990年的北京亚运会，尚无赛事"志愿者"这一明确的概念。但那些默默奉献的身影确是一抹靓丽的色彩，蓬勃热烈闪耀在1990年。

而今志愿服务已经成为一种新时代文明风潮，志愿者的年龄、身份等也有了更广的范围，"红马甲"成了一种流行。追溯这股志愿者热潮的源头，北京亚运时期的"义务服务人员"就像是志愿者制度刚刚在中国起步的前奏曲。那时服务于北京亚运会的"义务服务人员"的热情更多来自20世纪90年代初的爱国主义情操。

在当时的历史背景下，在国内尚无志愿者制度、各方面条件都不具备的情况下，服务于亚运的义务人员活跃在北京亚运的每个角落，就是在播撒亚运志愿之花种子的行动，为中国的志愿者发展写下了历史性的一笔，向来自亚洲各国的来宾展现了中国最美的姿态。

第三个阶段：发展阶段（1994—2000年）

1993年12月19日，在中国共产主义青年团（以下简称共青团）的号召下，两万余名青年亮出"青年志愿者"旗帜，在京广线开展为旅客送温暖志愿服务，标志着中国青年志愿者行动正式启动。

这也是一个明确的契机和信号，志愿服务自此获得蓬勃发展。

1994年12月5日国际志愿人员日，中国青年志愿者协会成立大会在人民大会堂举行。随后全国各省级协会也逐步建立起来，目前已形成了由各级协会组成的志愿服务组织管理网络。

1996年，青年志愿者行动第一个长期项目——中国青年志愿者扶贫接力计划试点，1998年全面实施。

1998年11月，首届研究生支教团组建，2011年研究生支教团纳入大学生志愿服务西部计划整体工作。

1999年8月25日，共青团中央、教育部在北京人民大会堂举行"中国青年志愿者扶贫接力计划首届研究生支教团出征暨捐赠仪式"。

1999年，在昆明举办的世界园艺博览会上，青年志愿者在大型活动举办工作中的重要作用首次得到了社会的广泛认可。

1999年9月，广东省通过国内第一部《青年志愿服务条例》。

第四个阶段：深化阶段（2001—2007年）

进入新世纪，2001年被联合国确定为"国际志愿者年"，外经贸部、共青团中央共同发起成立了"中国2001国际志愿者年委员会"，中国志愿服务事业开始为世界所了解。

2001年3月，团中央在全国推行志愿者注册制度，以青年为主体，包括许多中老年人在内的社会公众积极报名注册。

2001年3月，经国务院批准，共青团中央和外经贸部共同发起成立"中国2001国际志愿者年委员会"，负责规划、指导、协调"国际志愿者年"期间全国的志愿者工作。

2002年3月,中国青年志愿者海外服务计划正式启动,首批招募6名青年志愿者赴老挝从事语言教育、计算机培训、医疗卫生等方面的志愿服务。

2002年5月,中国2001国际志愿者年委员会、共青团中央、外经贸部共同主办的志愿服务国际会议在京举行,来自29个国家和地区的170名代表参加会议,吴仪同志出席会议并代表中国政府致辞。会议通过了《北京宣言》。

志愿服务活动向多元化、规范化、法制化发展。

2006年4月,国务院下发了《关于加强和改进社区服务工作的意见》,指出:"积极组织开展社区志愿服务活动,培育社区志愿服务意识,弘扬社区志愿服务精神,推行志愿者注册制度。"该文件的颁布使我国社区志愿服务开始进入规范化建设阶段。

2006年10月8日,党的十六届六中全会做出的《中共中央关于构建社会主义和谐社会若干重大问题的决定》,首次提出了建立社会志愿服务体系,并指出要"以相互关爱、服务社会为主题,深入开展城乡社会志愿服务活动,建立与政府服务、市场服务相衔接的社会志愿服务体系"。

2005年6月5日,北京奥运会志愿者项目正式启动。在启动仪式上正式推出了《北京奥运会志愿者行动计划》和北京奥运会志愿者标志，标志着北京奥运会志愿者项目正式启动。

2006年8月28日，北京奥运会志愿者招募工作正式启动，并同时启动了"微笑北京"主题活动。活动口号为"志愿者的微笑是北京最好的名片"。

自2006年8月28日启动志愿者招募工作，到2008年3月31日报名结束，报名人数达到了1125799人，其中908334人同时报名残奥会志愿者，报名人数成为历届奥运会之最。最终录用了来自98个国家和地区的74615名志愿者，通过招募选拔、教育培训、公益实践、激励表彰等一系列工作，建设了一支数量充足、训练有素的志愿者队伍，奥运会期间为奥林匹克大家庭成员、媒体记者、观众和其他相关人员，提供优质的志愿服务。

2008年北京奥运会总计20余万名志愿者参与其中。其中北京奥运会赛会志愿者总需求约为7万人，残奥会赛会志愿者总需求约为3万人，赛会期间还有数十万城市志愿者，在场馆周边重点区域和全市主要交通枢纽、旅游景点、商业区等领域，提供交通、旅游、购物、接待、环保、语言等方面的志愿服务。很多志愿者从2006年开始就投入"迎奥运"志愿服务和奥组委前期志愿者项目。

回望2008年北京奥运会，赛会志愿者报名人数曾创历届之最，志愿者的微笑成为"北京欢迎您"的最好名片。

第五个阶段：普及阶段（2008年以后）

2008年是我国志愿服务发展具有里程碑的一年。

2008年5月12日14时28分4秒汶川发生地震，震中位于四川省阿坝藏族羌族自治州汶川县映秀镇，汶川地震严重破坏地区约50万平方千米，受灾总人口达4625.6万人。5·12汶川地震造成直接经济损失8451.4亿元。5·12汶川地震是中华人民共和国成立以来破坏性最强、波及范围最广、灾害损失最重、救灾难度最大的一次地震。

汶川发生地震，举国悲痛的同时，全国各地志愿者第一时间从全国各地奔向地震灾区，在每一处废墟争分夺秒地参与救人。为了挽救生命，他们和人民子弟兵、白衣天使一起，将汗水和鲜血洒在地震灾区的每一个角落。

这群志愿者是抗震救灾大军中一个特殊的群体，没有统一的制服和标志，但在废墟上、在公路旁、在医院里，在任何与受灾群众有关的地方，都能看到他们的身影。他们没有统一的指挥，也没有统一的身份，他们却有一颗相同炽热的心，为灾区，为受灾群众做着能做的事情。

这是我国历史上一次大规模的志愿者行动。

根据《中国减灾行动》白皮书数字显示，中国公众、企业和社会组织参与紧急救援，深入灾区的国内外志愿者队伍达300万人以上，在后方参与抗震救灾的志愿者人数达 1000 万以上。

来自全国各地的志愿者奔赴汶川地震的救援现场，甚至很多人没有灾区救援经验，也没有注册志愿者身份，但他们就是在需要的时候伸出援手，灾难是伤痛也是考验，带来了进步与发展。

在灾难中"疯狂生长"的公益力量成为裂缝中的光，成为荒芜残破中的一点新绿。逾 300 万志愿者深入灾区，逾千亿元善款汇聚成海般涌入，这一年被称为"中国民间公益元年"。

清华大学公共管理学院教授邓国胜说："大量志愿者，尤其是民间志愿者的涌现，证明'志愿精神'在中国公民中具有深厚基础，汶川大地震给了这种精神一个集中迸发的契机。民间自发形成的志愿者在学术上被称为'非正式志愿者'，他们奉献爱心主要靠的是激情，没有一个应对困境的有效机制，爱心也难以持久。要实现爱心永驻，我们必须给志愿者和志愿者组织以成长的空间，要做的工作还很多。"

此后全国各地志愿服务组织的工作获得了极大推动，民间志愿服务也迅速发展，2008 年北京奥运会、残奥会期间更是激发了全民参与志愿服务的热情。

2017 年国务院出台的《志愿服务条例》促进了志愿服务制度化和法制化建设。

目前我国志愿服务已经进入深化拓展阶段，经历了从自发到自觉的历史性变化，正不断发展成为一项具有广泛公众基础的社会事业。

2020年12月5日在第35个国际志愿者日上，联合国志愿人员组织亚太地区主任莎琳娜·米娅代表联合国志愿人员组织从泰国曼谷发来视频，向广大中国青年志愿者致以节日的问候，对全球志愿者特别是中国青年志愿者，在应对新冠疫情危机中作出的突出贡献表示肯定与赞扬："在整个2020年，我感叹于看到无数的志愿服务组织以及志愿者，特别是中国青年志愿者们，加入了包括联合国志愿者在内的全球志愿者抗击新冠疫情的队伍。"

他们忙碌在社区，买菜送药、排查隐患；
他们奔走在街头，疏导交通、维持秩序；
他们活跃在网络，传递信息、疏导情绪……
他们，是我们身边不见经传的普通人，是在这次战"疫"中挺身而出的志愿者。

2020年的新冠疫情来势汹汹，在国家和人民需要的时候，志愿者们坚定逆行、无惧风雨。当他们投身于志愿行动时，他们舍弃了个人安危，抛却了儿女情长，扛起了责任，奋战在每个战"疫"需要的地方。在百姓急需之时、城市细微之处，一个又一个平凡英雄挺身而出,当时在"学习强国"和"文明武汉"平台报名的武汉当地志愿者超过7万人,通过审核上岗的志愿者达2万多名。

2020年,广大志愿者在疫情防控前线积极奉献、日夜奋战,习近平总书记看在眼里,记在心里,在不同的场合多次提及、亲自指导、亲切关怀,让广大志愿者、志愿服务工作者深受鼓舞、倍感振奋。

平凡,如夜空中不起眼的某颗小星星;闪亮,却在深夜照亮我们的视线。这就是志愿者。

他们用默默奉献诠释志愿精神,用凡人星火点亮人间大爱。

第2节 中国志愿服务特色

中国志愿服务是具有严密组织的志愿服务,在中国志愿服务的发展进程中,党和政府一直发挥着引领推动作用。

2022年志愿者成为北京冬奥会和冬残奥会的重要服务保障力量。根据"简约、安全、精彩"的办赛要求,北京冬奥会共录用赛会志愿者1.8万余人。其中,北京赛区占63%,延庆赛区占12%,张家口赛区占25%。35岁以下的青年占94%,为志愿服务的主要力量。赛会志愿者服务涵盖体育竞赛、场馆管理、语言服务、新闻运行等41个业务领域。

在2022北京新闻中心,有一个青年群体格外引人注目,他们是来自中国地质大学、中国传媒大学、北京城市学院三所高校的300名志愿者,作为北京冬奥会城市志愿者的一部分,他们在2022北京新闻中心9个部门的28个岗位上,为中外记者提供综合管理、对外联络、新闻发布、媒体接待、展览展示、城市采访、咨询预约、运行保障、安保交通、疫情防控等10个业务领域的志愿服务。据2022北京新闻中心志愿者服务部工作人员介绍,志愿者最早于1月28日上岗参与筹备期服务,2月1日志愿者全面上岗,在这24天时间里,有6413名志愿者上岗服务,累计志愿服务时长达50500小时。

2022北京新闻中心的志愿者们以"特别能处"的青春姿态,为广大记者提供了带有"北京温度"的专业、细致、周到、温馨的志愿服务,90余家中外媒体也纷纷将焦点对准这群可爱可敬的"00后",传递他们"同心筑梦"的冬奥故事。

在2022北京冬奥会期间,20万人次北京冬奥会城市志愿者像一片片"燃烧的雪花",以饱满热情和温暖微笑在城市交通、信息咨询、文明倡导等方面扮靓冬奥,点亮城市。

很多时候,志愿者没有留下姓名,但都有一颗明亮的心,让世界通过他们对中国有了崭新的认识。

一、中国青年志愿者服务日

1999年以前人们习惯地把3月5日称作"学雷锋活动日"。团中央、中国青年志愿者协会下发通知，自2000年开始，把每年3月5日作为"中国青年志愿者服务日"，组织青年集中开展内容丰富、形式多样的志愿服务活动。从"学雷锋活动日"到"中国青年志愿者服务日"，这不仅仅是名称的改变，更是一种精神的延续和升华。志愿者活动是社会主义市场经济条件下学雷锋活动的丰富和发展，是将学雷锋活动常态化。

二、中国青年志愿者标志

中国青年志愿者标志为"心手标"，是经共青团中央批准的中国青年志愿者和青年志愿者组织的象征和标志。

1994年2月24日，共青团中央向全社会发布中国青年志愿者标志。中国青年志愿者标志整体构图为心的造型，同时也是英文"青年"第一个字母Y，图案中央既是手，也是鸽子的造型。中国青年志愿者标志寓意青年志愿者向需要帮助的人们奉献一份爱心，伸出友爱之手，立足新时代、展现新作为，弘扬奉献、友爱、互助、进步的志愿精神，以实际行动书写新时代的雷锋故事。

青年志愿者行动口号为：我志愿、我奉献、我快乐、我能行。

青年志愿者誓词：我愿意成为一名光荣的志愿者。我承诺：尽己所能，不计报酬，帮助他人，服务社会。践行志愿精神，传播先进文化，为建设团结互助、平等友爱、共同前进的美好社会贡献力量。

中国青年志愿者标志

三、中国志愿服务标志

2014年12月5日，中央文明办正式向全社会发布中国志愿服务标识——爱心放飞梦想。中国志愿服务标识体现中国特色、具有国际元素、形象内蕴丰厚。

中国志愿服务标识以汉字"志"为基本原型，以中国红为基本色调，以鸽子、红心、彩带为基本构成元素。体现了中国特色，蕴含丰厚的中国优秀传统文化，示意明确，简洁大方，喜庆祥和，寓意中国特色的志愿服务事业红红火火、前景广阔。

中国志愿服务标识具有国际元素。标识上有"中国志愿服务"的中英文字样，而且多处巧妙地以英文字母"V"构图，这是志愿者英文单词 volunteer 的首字母，体现了中国志愿服务与国际的交流、接轨与交融。

中国志愿服务标识形象内蕴丰厚。"志"字的上半部分是一只展翅飞翔的鸽子。鸽子是和平的使者、友好的象征，传递的是幸福、友爱，放飞的是和平、和谐。"志"字的下半部分由中国书法中草书的"心"字构成，同时也是一条飘逸的彩带，既表现了志愿者在开展志愿服务时的愉悦心情，也象征着志愿者将爱心连接在一起，服务他人、奉献社会。整个标识寓意用爱心托起梦想，用爱心放飞梦想，充分体现了社会主义核心价值观的内在要求，展示了奉献、友爱、互助、进步的志愿精神。

中国志愿服务标识

四、中国青年志愿者之歌

《中国青年志愿者之歌》是一首专门为志愿者创作，歌颂"奉献、友爱、互助、进步"的志愿者精神的歌曲。

歌曲由刘京山作词，臧云飞作曲，并由中国人民大学团委书记费佳领唱。歌曲于 2012 年 10 月 3 日在中国人民大学 75 周年校庆晚会上首次唱出。

伸出你的手,初次相识却已是朋友,
放飞和平鸽,蓝天大地响彻我的问候,
我们是青年志愿者,用奉献共创温馨家园,
我们是青年志愿者,用爱心把旗帜铸就,
青春似火,青春闪光,青春无悔,青春不朽,青年志愿者,
挽起你的手,风雨同舟并肩向前走,
放歌新时代,五湖四海建设新神州,
我们是青年志愿者,用感情迎接美好明天,
我们是青年志愿者,用热血来书写春秋,
青春似火,青春闪光,青春无悔,青春不朽,青年志愿者,
青年志愿者。

——《中国青年志愿者之歌》刘京山作词　藏云飞作曲

第3节　新时代文明志愿先行

"老吾老,以及人之老;幼吾幼,以及人之幼。"在任何需要的时候,中华民族传承了数千年的博爱精神都能强劲地迸发出来。无数次我们看到,每一个中国人都是志愿者,一束束中国志愿之光汇成了明亮的星空。

一、仁爱在心，志愿在行

志愿服务文化与中华优秀传统文化渊源相连。自春秋战国时期开始，弘扬慈善关爱的儒家思想汇同其他各家思想共同构建了中国传统文化的本源，其思想价值跨越时空，历久弥新。

讲好中国故事，是中国特色志愿服务的重要使命和目标。弘扬志愿精神，有利于向全世界展现中国志愿者的良好精神风貌，为人类精神文明贡献优秀成果，助推构建人类命运共同体。

可以充分发挥报刊、广播、电视、互联网等大众传媒的作用，普及志愿服务知识，让身边更多志愿者的故事展示出来，积极展现志愿者的良好风貌和高尚情操，营造"我为人人、人人为我"的浓厚社会氛围。

二、大力弘扬中国志愿服务精神

志愿服务行为彰显了中华的人文精神。中华优秀传统文化积淀着中华民族最深沉的精神追求，包含着中华民族最根本的精神基因，代表着中华民族独特的精神标识。因此，传承发展中华优秀传统文化，就要大力弘扬有利于促进社会和谐、鼓励人们向上向善的思想文化内容，志愿服务在这些方面发挥着独特的作用。

"自愿""无偿""奉献""有利于社会发展"是核心内涵。也正是这些核心观念，成就了"志愿者文化"对于全人类的意义。

尽管我国古代没有"志愿者"一词，但"志愿服务"理念则存在了上千年。

曹雪芹不仅是位文人，还是位志愿者，曾以传授风筝技艺"扶贫"。一年腊月，老朋友于景廉来看望曹雪芹。他当兵时脚部受了伤，家里人口众多，仅靠画画为业，难以养家糊口。交谈中，于景廉说到京城有某公子购风筝，一掷数十金。曹雪芹便想到家中还有些竹、纸，便扎了几只风筝送给他，让他卖了以度年关。于景廉卖了钱，特意感谢，曹雪芹想到附近不少贫困和残疾之人生活艰辛，近两年灾害频发，难以度日，何不将糊扎风筝的手艺教授给他们，以此谋生。于是，他在乾隆二十二年（1757年）编写了《南鹞北鸢考工志》，以歌诀的方式，图文并茂地讲解了43种风筝的制作方法，易学易懂。手把手地向左邻右舍的贫困、残疾之人传授风筝技术。没过多久，不少人掌握了风筝制作技术，并将糊扎的风筝拿到庙会和城里出售，由此能养家糊口了。

三、道阻且长，行则将至

只有深深扎根群众，才能赢得群众的认可。

北京市朝阳区志愿服务工作深入人心，志愿服务精神也获得了极大的推广和认同。

2022年11月以来在崔各庄地区，不少重点路口和公交车站点都有身着快递员、外卖员工服的年轻人，穿戴着"崔各庄有我"的骑士联盟志愿者马甲和志愿者红袖标，他们在行人、车辆川流不息的路口和公交站点挥动手中黄色旗帜，为匆忙赶路的行人引导交通。

为进一步凝聚新就业群体力量，崔各庄地区持续开展文明交通志愿服务活动，号召大家利用业余时间统一着装参与文明交通引导。平凡的岗位也会发光，2022年杜防被评为"美好朝阳骑士"，他积极响应"崔各庄有我"骑士联盟号召，加入文明交通志愿服务保障队伍，主动选择在人流量大，人员密集的京密路沿线东辛店公交站做文明引导。

这就是"中国志愿者"，这个掷地有声的称呼，他们是普通中国百姓的代表。在那些温暖的路口，在那些需要的地方，你都能看到平凡又普通的志愿者。

也许每个志愿者所起的作用是微小的，但成千上万的志愿者汇聚在一起，就形成了一股强大的力量。绝大多数志愿者都是平日生活在你我身边的普通人，而当需要的时候，他们每个人都演绎着一段传奇。所有志愿者的传奇连在一起，就成了感天动地的"中国传奇"。

第4节　志愿者培训的三个维度

志愿精神广泛深入人心，普通百姓参与志愿服务的热情也越来越高涨，那么不断完善志愿服务工作体系，推进青年志愿服务培训系统化、规范化、课程化也势在必行。

2022年11月29日经团中央书记处批准，中国青年志愿者协会发布《新时代青年志愿服务培训课程指导大纲（第1版）》（以下简称"指导大纲"），对加强新时代青年志愿服务培训工作提出课程规划指导。指导大纲提出新时代青年志愿服务培训课程体系的总体思路，明确以政治教育、通识讲授、技能培训为主干内容，明确突出政治性、强化系统性、注重实效性等基本原则，明确指导大纲的适用对象、课程设置和应用方式，设置政治教育、通用知识、服务技能3个课程模块，着力推动青年志愿服务培训工作科学化、规范化，推进青年志愿者事业的高质量发展。

2008年北京奥运会之后，志愿者得到的评价是"一张最美的城市名片"。2022年北京冬奥会，约1.9万名赛会志愿者服务整个赛事。为了让志愿者们顺利合格上岗，北京冬奥会组委设计了四个阶段的培训体系，由志愿者部整合线上和线下资源，指导高校和场馆，对志愿者作系统性强、特色鲜明的培训，在打造"最美名片"的同时，为北京冬奥会又增添了一笔宝贵财富。为了培训好赛会志愿者，北京冬奥组委通过顶层设计，建立了通用培训、专业培训、场馆培训和岗位培训的四阶段培训体系。在开展志愿服务工作方面，北京冬奥组委志愿者部副部长张丽娜说，每一名志愿者都是中国的"名片"，讲好中国故事，传播中国声音，志愿者的力量不可或缺。希望北京冬奥会志愿者以自信、昂扬的姿态展现当代中国青年的风采，用服务的温度点燃青春的热度。

2022年北京冬奥会培训内容包括：冬奥及冬残奥会志愿者服务礼仪及注意事项、志愿者心理及身体健康管理培训、应急救护理论、大型活动的突发事件应对和安全防范意识、防疫手册知识讲解、跨文化交际规范与外事纪律、冬奥会英语通用和专用词汇讲解、国际形势与国际关系等。培训还涉及大型活动突发事件及安全风险防范应对演练、冬奥会疫情防控术语及场景模拟等多项实操课程。

志愿服务不仅仅是一腔热情，更需要有扎实的专业能力来胜任工作。培训就是最有效的助推器，让能量被激发出来，并且有效地发挥出来。

一、政治教育

新时代志愿者、志愿服务组织、志愿服务工作者积极响应党和人民号召，用行动充分彰显了理想信念、爱心善意、责任担当，这成为人民有信仰、国家有力量、民族有希望的生动体现。

二、通用知识

通用知识的培训主要从志愿服务精神、志愿服务理念、志愿服务基本礼仪、志愿服务基本知识等方面进行常识培训。

任何一次大型赛会活动中志愿服务礼仪都是不可或缺的基本素质培训，每一位志愿者在大型赛事和会议中代表的都是赛事的形象，体现了规格和品质。因此礼仪作为通用知识在每次志愿者培训中都占较大的比重。

如何规范称呼？如何大方指引？如何规范使用手势？与嘉宾并行有哪些要求？如何热情地打招呼？人际沟通的规范与禁忌有哪些？志愿服务语言礼仪有哪些要求……这些都是志愿服务中要学习和掌握的细节，小到如何在社区服务中规范地敲门、恰当的称呼，大到在赛会服务中带领赛场观众与运动员友好互动。

礼仪无小事，在志愿服务中尤为如此。一句称呼、一声问候、一个回应、一次邀请都能够体现出志愿者的素养，同时也呈现了活动的品质。

2021杨凌农科城马拉松赛是由陕西省体育局、陕西省文化和旅游厅、第十四届全国运动会杨凌示范区执委会主办,陕西省田径运动管理中心、陕西省田径协会、杨凌示范区文化和旅游体育局承办的马拉松赛事。

通过线上线下同步的方式,我为此次马拉松赛事志愿者进行了志愿服务礼仪的培训,现场有200位西北农林科技大学的赛事志愿者,同步在线有各个大学的此次赛事志愿者共同学习。

人间最美四月天,激情绽放农科城。4月11日早8点,"我要上全运百场马拉松赛"2021杨凌农科城马拉松赛在杨凌农展广场鸣枪开跑,来自全国各地的18000多名跑友参与了本次比赛。

19000名志愿者奔忙在比赛现场的各个地方,为选手们提供无微不至的照顾与后勤保障,确保赛事的顺利进行。检录组的志愿者站在清晨的寒风中,耐心等待参赛选手;安保组的同学拉起警戒线,在赛道两边维持现场秩序;裁判组的人员谨慎地掐着秒表,跑去给运动员送水、递毛巾,坚持到最后一刻。他们专业且敬业的表现也赢得了选手和观众的一致赞誉。

三、服务技能

服务技能是指志愿者在服务过程中必需的专业知识技能培训,对应志愿者的服务项目所开展的具体内容。这其中既包括项目所需技能，也包括志愿者岗位培训，对志愿者开展工作任务、业务流程、规范要求等岗位职责的培训。比如会议服务礼仪、健康护理知识、沟通技巧、突发事件处理等，都需要针对岗位进行专业的培训。

中国志愿服务包括社区服务、扶贫减贫、支教助学、卫生健康、法律服务、环境保护、科技科普、文化艺术、平安综治、文明风尚、交通引导、志愿消防、应急救援、禁毒宣传、体育健身、旅游服务、关爱特殊群体、大型活动、海外志愿服务、税收服务、疫情防控等。志愿服务的领域不断扩大，对志愿者的专业素质也有了更高的要求。比如在2021年中华人民共和国第十四届运动会，我面向赛事的大学生志愿者，既担任了通用礼仪的培训工作，也面向颁奖礼仪志愿者进行了专业的颁奖礼仪规范培训。

另外，根据不同的志愿服务项目，不同的岗位，志愿者培训内容也会有相应的调整和增加，以便更好地胜任岗位和工作。进行志愿者的相关素质培训有利于进一步提高志愿者的服务意愿和服务能力。

第三章
仁者爱人，中国志愿服务中的礼仪精神

第1节　中国志愿服务中的礼仪精神

我的眼中为何饱含泪水，

因为我们都是中国人，

流着相同的血。

当同胞遇到灾难时，

我们能做的是什么：当志愿者。

这是在面对灾难挺身而出的志愿者们心中唱着的歌，旋律清澈，歌声嘹亮，响彻中华大地。

一、仁者爱人，中国源远流长的志愿文化

仁爱精神是中华优秀传统文化的重要内容。以儒家文化的"仁爱"思想为代表的优秀传统文化成为中国志愿文化的底色。

东晋王羲之《与谢万书》曰："老夫志愿，尽于此也"，这其中的"志愿"便是志向、意愿的意思，后引申为自愿。这也与今天我们所崇尚的志愿精神相一致，发自内心，而且是自觉自愿的行为，因其自愿，所以可贵。

在中国古代多将"志愿者"称为"善者""善人""仁者""侠

士""义士",而近现代一般称为"慈善家""义工""志愿者"等。古今对于"志愿者"的称呼虽有不同,其精神内涵却是一致的。

史籍中便记载了许多历代"志愿者"的善举。

"陈泰兴"是晚清时期揭阳的一个著名商号,主要经营往返于揭阳、天津等地的糖、油、豆渣饼等物资,以海运为主,经营规模盛极一时。作为揭阳首屈一指的大商号,泰兴之盛跨越了清乾隆、嘉庆、道光、咸丰、同治、光绪六朝及民国时期。

据《揭阳县续志·卷三·贤能》记载,创始人陈秋启"少孤贫,以勤俭起家,积家资巨万",是典型的白手起家。如今位于揭阳的泰兴民居群,分为老泰兴和新泰兴,正是陈秋启发家致富后所建,其建筑规模堪列揭阳老县城古民居群之最,也从侧面反映出当时陈秋启家资之殷实。

陈秋启"性好施予",扶危济困之举无数。

道光年间,由于咸潮害秋,粮食失收,民掘草根剥树皮以食,道上饿毙者比比。陈秋启主动平粜稻米二万石,而且每一起交易都亲自监管,不轻假于人,以防坑人的事情发生。同时,他还自请在学宫前设厂施粥五日,救济了很多灾民。

另外,他还捐修潮州湘子桥和揭阳渔湖桥,道光初年倡建学宫文昌祠和奎光阁,深受官民称赞。

我国古代虽然没有"志愿者"一词，但如陈秋启一般的"善人""善者""仁者"不就在做着与今天志愿服务相同的事情吗？在电影电视中也经常会看到一些舍粥的场景，这是一个虽未明确身份与称呼，但在中华民族历史长河中从未缺失的精神。

志愿服务作为一种以人性、道德、良知为逻辑起点的行为，无论如何定义，都始终存在于炎黄子孙的血脉之中。

二、克己复礼，志愿文化赓续优秀传统

中华民族自古崇尚仁爱、宽和、恭恕的待人处事之道，老子曰"与善仁"。

北京海淀中关村西区有一条善缘街，因历史上有善缘桥而得名，而善缘桥因褒奖一位老居士的善举得名。

道光年间，海淀镇东部有一条泄洪渠，每至雨季水流不断，为人们出行带来诸多不便。镇上住着一位80多岁的严姓广化寺居士，以卖画为生。他见镇上的人们雨季出行不便，就拿出所有的积蓄，在泄洪渠上修建了一座石桥，桥面修完了，老居士的积蓄也用光了。居住于此的乡邻被老居士的善举所感动，便集资设置了桥的护栏板。因此桥为老居士倾资而建，故将此桥称为"善缘桥"，既取佛教术语"善法为佛道之缘者"，也有广结善缘、多行善事之意。

这样的善行善举在中国的历史上从不缺乏，甚至大街小巷也流传着很多这样美好的故事。

第2节 志愿服务礼仪的定义与原则

志愿者是社会文明的使者，在志愿服务过程中呈现出来的面貌也体现了志愿服务的水准，彰显一个国家或地区的形象，良好的礼仪素养能够提升工作效率，赢得信赖，更好地推动志愿服务及其发展。

一、志愿服务礼仪的定义

志愿服务礼仪是指志愿者在进行志愿服务时需要遵守的行为规范，包括服务态度、服务形象、服务语言、服务行为及服务规范等。

二、志愿服务礼仪的原则

（一）尊重原则

孔子说："礼者，敬人也。"这是对礼仪核心思想的高度概括。所谓尊重原则，就是要求我们在从事志愿服务的过程中，以仁为核心，同时以礼相待。对他人始终有尊重友好的表现，这是给善良美好的行为更有力的注脚，也是礼仪的重点与核心。

比如在赛事中安检志愿者对观众说一句"麻烦您，把包过一下安检",一个必须执行的规定,在一句"麻烦您"中极大地体现出尊重之情。

志愿服务过程中,首要的原则就是敬人之心常存,尊重对方、友好相待、力所能及、彰显素养。

(二)真诚原则

不仅是发自内心地做好事,这是一种个人的认知,而且是踏踏实实地做好事,这是认真把事情做好的意愿。礼仪不是一种华彩的装饰,礼仪是发自内心可贵的真诚。有时即使某些行为显得慌张匆忙,但是却可以帮助他人,这都是有礼的。相反,在志愿服务中始终强调美感和繁复的细节,却错失最好的服务机会,这也是失礼的。

《论语·八佾》中说:"子谓《韶》,'尽美矣,又尽善也';谓《武》,'尽美矣,未尽善也'。"

《韶》相传是舜时的乐曲名,《武》相传是周武王时的乐曲名;美是指乐曲的声音美,善是指乐曲的内容美。

孔子评论《韶》说:"乐曲美极了,内容也好极了。"评论《武》说:"乐曲美极了,内容还不是完全好。"这是孔子对《韶》和《武》这两个乐章的评价。这两个乐章都是尽美,两个乐章均有音韵之美。但朱熹认为"美者,声容之盛。善者,美之实也。"朱熹表达的是音乐为心之声,韶乐和武乐都从形式上表现了声容之盛。说到善,是"美之实也",意思是善比美的境界要更深一层,这是十分完善、圆满的美,所以说"善者,美之实也"。

服务礼仪所讲的真诚原则,就是真心实意、坦诚以待。在进行志愿服务的过程中,应以诚待人,把乐于助人的心意用笃定踏实的行为体现出来。

一位网球场的志愿者捡球捡到崩溃,累得在场边气喘吁吁。烈日之下这项工作十分繁重,确实是体力极大的挑战,运动员特别来慰问"辛苦了",志愿者说:"希望你取得好成绩,我没问题,绝对胜任!"

这一句话将真诚体现得淋漓尽致,如果我做就要做好,这就是一种服务的信念,所谓好,不就是真诚努力地去做吗?

(三)宽容原则

《论语·卫灵公》中,子贡问曰:"有一言而可以终身行之者乎?"子曰:"其恕乎!己所不欲,勿施于人。"

宽容原则就是要求我们在志愿服务中,能够严于律己,更能够宽以待人。

《孔子家语》记载了孔子借伞的故事。

有一天,孔子率弟子外出,途中遇雨。他没有雨伞,就让弟子子路去附近村庄借伞。有弟子说:"子夏就住在附近,可以到他家里去借。"孔子一听就说:"不可以,我们还是到另一家去借吧。"

事后，子路请教老师其中的原因。孔子感慨地说："子夏这个人比较护财，我借的话，他不借给我，别人会觉得他不尊重师长；借给我，他肯定要心疼的。我不去借伞，既可以不让他痛苦，又能保全他的名声，何乐而不为呢？"

在做志愿服务的过程中也应该具有这样换位思考、理解体谅的心态，不能把一切行为以"我是好心"而不顾对方感受地强加给对方，"我是好心"且"我能做好"，这才是有意义、有价值的志愿服务。

（四）规范原则

规范是指按照既定标准、规范的要求操作，使某一行为或活动达到或超越规定的标准。保持服务高水准的前提是保持服务规范地执行。先进的工业流水线会减少残次品的出现，是因为每个环节都有标准、有规范，志愿服务也是如此，遵守规定、规范，才能保证高质量的服务。

志愿服务的一个特点就是大部分志愿者非全职，但是要求在需要时挺身而出，在有余力时积极参与，在大型活动中随时集结，在日常生活中用业余时间进行，那么就决定了大部分志愿者在参与活动前并没有统一的管理，也就意味着必要的"规范"支持很重要，才能够让热情的行为体现出最佳质量。

非常可贵的是志愿服务成为常态化生活方式之后，不同的组织也提供了相应的培训和操作手册，那么严格遵守、严谨执行就显得尤为重要。

孔子的弟子子贡是一个比较富裕的人，平时就深受孔子的教诲，所以在助人为乐的事情上每次都是当仁不让。当时鲁国是一个弱小的国家，经常因为战败而导致鲁国人成为俘虏，这些人在被俘虏之后受到了非人的待遇。鲁国的国君为了鼓励老百姓助人为乐，于是规定，只要是把鲁国人赎回来的，就会报销一些费用，还会得到奖励。因为这个政策，鲁国的很多人都被赎买回来。

子贡比较富裕，他自然也有能力做这件事，于是看到自己国家的俘虏之后，子贡就把他们赎买回来。这时候子贡做了一个决定，他希望自己助人为乐、不求回报，于是子贡就不去领赏。孔子听了之后，特意找到子贡，子贡本以为老师要夸奖自己，没想到孔子训斥了他。孔子说："鲁国国家小，人们也比较贫苦，如果你今天不去领取奖励，未来再有赎买俘虏的人，去领取奖励的人就会被人嘲笑，这样就会增加鲁国人做好事的成本，最终会造成鲁国没有人敢于帮助这些人。"

（五）适度原则

志愿服务具有特殊性，服务的对象非常广泛，人员构成也非常复杂，这就对志愿服务提出了更高的要求，我们应以适合、适度，让服务对象感觉舒服为原则。

凡事过犹不及，适度便是人生最好的境界。

《中庸》中说："不偏之谓中，不易之谓庸。中者，天下之正道；庸者，天下之定理。"一切事情不偏不倚，做事不过头，不背离事物本身的原则，这便是适度的智慧。

在一次大型赛事志愿者培训时，我带领志愿者进行高端会务接待流程的演练，但在其中的一个"同时同步"服务流程中，有一个小组的志愿者总是做不整齐，而这样的情况也非一人之力能够解决，需要团队成员互相迁就、互相弥补，他们也很着急，甚至有点沮丧。

于是，我开始对大家进行激励，我能看到他们的努力，也能看到这只是眼前的困难，于是我讲了一个小故事，没想到故事刚讲完，我还没来得及升华和剖析，突然队长和队员们都站了起来，告诉我："我们一定行，纪老师您放心吧。"我立刻鼓掌并大声说："我看好你们，我相信你们，开始吧！"

转过身，我有点憋得慌，总觉得还有一些话没来得及说，但我知道遇到聪明而智慧的人，我最需要的是适可而止。恐怕我若再多发挥两句，多剖析两句，就会让大家被故事点燃的勇气熄灭。我很庆幸，那时我学会了闭嘴。

而这一点，也是在我儿子身上学会的。有一次，他对自己说：“我不能再看朋友圈了，看同学们的朋友圈就停不下来。”我说：“是啊，看朋友圈特别耽误时间，有时原本想看一下，结果却看了好一会儿，我们的时间就被偷走了。”他突然很认真地看着我说："妈妈，如果我在做自我反省，你就不用说教了。"

那一刻我幡然醒悟，原来适度如此重要，我若再多说几句，恐怕他会逆反得再打开朋友圈，只为对抗我多余的言语吧。

《菜根谭》中有这样一句话："居盈满者，如水之将溢未溢，切忌再加一滴；处危急者，如木之将折未折，切忌再加一搦。"意思是权力达到鼎盛的时候，就像水缸的水井就要溢出来一样，不要再加入一滴；处在危机状况时，就要像树木将要折断还未断一样，不要再施加一点力量。

适度是一种明智的生活态度，也是一种智慧的工作方式。

（六）从俗原则

志愿服务不仅仅局限在本地，也不仅仅局限在内部，有时会有一些国际性会议或者是跨地域的援助。因此我们要记得"入境问禁，入乡随俗"。

"十里不同风，百里不同俗"这句话颇有道理，甚至一句简单的问候都不尽相同，有些老北京人见面始终保持着"您吃了吗"的热络方式，在有些城市更习惯问候"您好"，这就要求志愿者在服务工作中，对不同国家和地区的礼仪风俗以及宗教禁忌要有全面、准确、细致的了解，这样才能够提供高品质的服务。

不积跬步，无以至千里；不积小流，无以成江海。礼仪细节虽小，却是"了不起的小事"，让我们成为诚心正意、彬彬有礼的志愿者吧。

第3节 自达达人的团队礼仪精神

志愿服务工作的特点决定了我们必须具有良好的团队意识，才能够将志愿服务工作做好，有时我们从四面八方集结而来，如果各自有各自的工作方法和理念，那么就很难高效地完成工作，更需要的是协调统筹的意识和统一坚定的大目标，然后调整个人步伐去适应集体速度才能够完成好工作。

团队精神就是团队成员共同认可的一种集体意识，显现团队成员的工作心理状态和士气，是团队成员共同价值观和理想信念的体现，是凝聚团队、推动团队发展的精神力量。

一、分工明确，但更重视合作

志愿者积极参与志愿服务工作，有时会有明确的岗位分配，有时只是被分配到某个工作组，没有具体、分明的工作职责，这时就需要有观察补位能力。有时即使有非常明确具体的岗位职责，也会遇到临时调整，或者需要互相配合的情况，因此在志愿服务中我们既要明确自己的岗位，又需要时刻记得我们是一个团队，要合作、要协力才能有更好的服务质量。

2014年APEC会议是由亚太经济合作组织发起的会议，继2001年上海举办后时隔13年再一次在中国举办，于2014年11月中旬在北京召开，包括领导人非正式会议、部长级会议、高官会等系列会议。

在2014年北京APEC会议期间，有2280名青年志愿者在7大板块、39个业务口、139个一级岗位、87个二级岗位上服务，这在当时是北京举办过的历次大型国际会议志愿服务领域最广、岗位种类最多的一次。

机动组的5名志愿者与时间赛跑，曾经出色完成一项紧急任务，在1小时内成功纠错400余本印刷错误的工作手册。

"一批工作手册由于印刷错误，需要返工！"会务组一则紧急通知让志愿者们紧张起来。印错的手册共有400余本，其中还有100余本已经发放出去。

沙泽洲、韦兰双等5名中央财经大学的机动组志愿者被临时抽调，做回收工作手册、现场修改印错手册的工作。

5名志愿者迅速分工，组成"流水线"，有人翻页，有人裁页，有人回收废纸⋯⋯沙泽洲是小组长，还是这几位志愿者中唯一的男生，他负责码放并整理修改好的手册。

时间一分一秒地过去，志愿者们与时间赛跑，配合越来越默契，修改的速度也越来越快。不到 1 小时，400 多本工作手册全部"补救"完毕，并再次分发至工作人员和志愿者手中。

二、勇于担当，提高工作效率

"天行健，君子以自强不息；地势坤，君子以厚德载物"，是对志愿工作的指导和启示。勇于担当，勇挑重担，充满责任感才能够提高志愿工作的质量和效率。

在 2014 年 APEC 会议期间，国家会议中心、水立方等活跃着一群身穿蓝色或黑色制服的年轻人，他们是来自北京 23 所高校的 2280 名志愿者。

北京大学共有 115 名志愿者参与 APEC 服务工作，其中有 80 余人在国家会议中心的综合服务咨询、入口引导、后勤等岗位。后勤岗是北大志愿者中工作时间最长、工作任务最重的岗位，每天需要搬运一千多份媒体物资和几百箱矿泉水。

这是一项体力工作，媒体物资要从地下二层用板车运上来，然后装袋发放。此外每天还要搬运矿泉水，打包发放数百份媒体包，经常是早晨 6 点起床，晚上 11 点才回宿舍。

后勤组 8 名志愿者中还有两名"女汉子"，每天也要搬几十箱矿泉水，有时回校班车来了，工作没做完，宁可放弃坐班车。

很多时候是强烈的责任感的驱使，让志愿者们勇于担当、不畏困难去完成工作。

有的志愿者是在会场内服务，看上去光鲜亮丽，但背后是十几小时踩着高跟鞋、面带微笑的坚持；有的志愿者始终在背后，在任何摄像机都捕捉不到的角落里做着重复却辛苦的工作。他们披星戴月，却又在艰辛中收获了经历和成长，更重要的是在需要集体配合的工作中培养了责任感和使命感，具有了更强烈的团队意识和了不起的团队精神。

三、善于沟通，快速解决问题

志愿服务工作是一项团队工作，不同于古代"善人"和"义士"的个人化行为，今天的服务更强调团队作战，那么在一个团队当中是否能够顺畅地沟通就显得很关键。

拥有积极的沟通意识，良好的沟通技巧，恰当的沟通方式，能够让志愿服务团队工作更加高效。

美国卡布利洛学院传播系主任J.丹·罗斯维尔的《小团队沟通课》给出了非常实用且有效的小团队沟通技巧。书中写道："最成功的团队能令成员热爱团队工作，并且有所收获。而最失败的团队，会让成员都厌恶参与其中，只看到团队的缺点和负面部分。"

（一）及时沟通

有事及时沟通，有想法及时表达出来，只有进行沟通才有可能解决，如果把这些想法和看法藏起来，可能只会发酵。很多误会的产生是因为藏着掖着让对方猜而造成的，由于身份、背景、能力、角度不同，我们在看很多事情的时候都难免偏颇，但如果能够做到有想法及时沟通，就可以防患于未然。

（二）正面沟通

沟通是为了整个团队步调一致、同步向前，因此沟通需要基于正面合作，容纳不同的心态。沟通的目的是更好地解决，而不是为了牢骚、诋毁，因此给予正面的积极心态这很重要，这样的沟通也才有价值。

（三）客观公正

在沟通时应保持客观心态，而不是盲目坚持自我。如果你永远都只能站在自己的立场上去沟通，这大概率是无效沟通，沟通谋求的是更好的结果，而非个人化的情绪表达、片面化的立场角度。

《世说新语》中有一则成语"管中窥豹"。"管中窥豹"的意思是从竹管的小孔里看豹，只看到豹身上的一块斑纹。比喻只看到事物的一部分，指所见不全面或略有所得。

在沟通中也应该避免"管中窥豹"。如果只看到一个动作或是听到一句话，就以偏概全地去认知对方，很容易造成误解。我们都知道每个人的立场和角度不同，即使同样的一件事会有不同的理解，因此在志愿服务团队中需要有成长的心态，锻炼自己开阔的胸怀和宽容客观的目光，避免偏执的认定，及时进行就事论事的客观沟通是非常有效的。

四、目标一致，让团队更有力量

我们就是想做一个美好的人，我们就是要完成一件美好的事，在这样的前提下，我们都会朝着这个方向去努力。

廉颇和蔺相如就有着共同的目标"护卫赵国"，这也才有了负荆请罪的故事。

心往一处想，劲往一处使才能够众志成城，使命必达。

《论语·雍也》中，子贡曰："如有博施于民而能济众，何如？可谓仁乎？"子曰："何事于仁？必也圣乎！尧、舜其犹病诸！夫仁者，己欲立而立人，己欲达而达人。能近取譬，可谓仁之方也已。"

这段话的大意为：子贡说："如果有人广施恩惠，拯救众民，怎么样？可以说是仁人吗？"孔子说："何止是仁人，那是圣人了！尧，舜恐怕都难以做到。那仁人，自己要成就，而且要使别人成就，自己要显达，而且要使别人显达，能设身处地，推己及人，这可以说是仁人信奉的道理啊。"

这是儒家思想"仁"的具体体现。一个仁爱的人，是一个以"博施济众"为己任的人，是一个乐善好施的人，不单要自己努力有所作为，同时还要支持他人一起进步。

我们总能在中华民族的传统文化中找到积极的力量。文化自信是一个国家、一个民族发展中最基本、最深沉、最持久的力量。向上向善的文化是一个国家、一个民族休戚与共、血脉相连的重要纽带。拥有良好的团队意识和强烈的责任感，这也是我们的志愿者队伍不断创造"中国传奇"的力量源泉。

第4节　志愿服务时间管理礼仪

非弘不能胜其重，非毅无以致其远。志愿服务是一项值得长期坚持的活动，非一时的热情或一阵的潮流，有许多志愿服务者在时间长河中留下了一个个坚定、连续的脚印。在2022年北京冬奥会期间，有很多志愿者开心地表示自己在2008年奥运会期间就做过志愿者，这是一种延续，也是一种坚定。选择加入志愿活动，你也可能就会对这种美好的行动上瘾，帮助他人，我们更容易感到快乐。所以，志愿者们说"我奉献，我快乐。"

这是一次有意义的探索。美国田纳西州南部大学的心理学家凯瑟琳·纳尔逊博士领导一组科学家，探索是否可以让一个人通过慷慨的形式带来快乐。即专注于通过给予他人帮助，而给自己带来更多的幸福和情感健康。研究表明，专注于自己的人通常不会感受到更积极的情绪，而那些经常关心别人的人更容易在情绪上得到满足。

共有473名志愿者被分成两个小组参与了测试。一组参与者不得不采取一些慷慨的行动。这些行为甚至没有特定的帮助者,比如他们从地板上捡起了垃圾,又或者是去种树,这么看来,他们是在为全人类做贡献;又或者他们仅仅是帮助身边的人做一些事情,比如给朋友取快递,帮朋友思考工作的进展等。而另一组人则必须放弃当下的生活,选择去做其他的事情,比如度假等。在各自完成任务以后,志愿者回答了一份关于他们心理和社会状况的调查问卷。

结果表明对他人的关注和慷慨的态度会刺激大脑释放多巴胺,会让我们感到快乐,甚至是兴奋。事实证明,那些帮助他人的人,心情更容易变得更加良好,而那些在没有调整的情况下自我肯定或遵循日常生活的人,更不易感受到情绪状态的变化或体验到积极的感受。

这项研究证明,慷慨善意的行为释放了多巴胺并减少了负面情绪,使这个快乐时刻变得更加持久。

但同时对于所有的志愿者来说,也有一个不得不平衡的问题就是时间。长期或坚持做志愿活动就需要学好时间管理,这样才能够避免匆匆忙忙。

一、时间管理意识很重要

时间管理的研究已有相当长的历史,第一代理论着重利用便条与备忘录,在忙碌中调配时间与精力。第二代理论强调行事历与日程表,反映出时间管理已注意到规划未来的重要性。第三代是正流行、讲求优先顺序的观念,也就是依据轻重缓急设定短、中、长期目标,再逐日订立实现目标的计划,将有限的时间、精力加以分配,争取最高的效率。第四代理论与以往的理论截然不同,它根本否定"时间管理"这个名词,主张关键不在于时间管理,而在于个人管理。与其着重于时间与事务的安排,不如把重心放在维持产出与产能的平衡上。

无论时间管理理论如何发展变化,毫无疑问,都非常重视个人管理及时间管理。

作为一名志愿者如果不能有时间管理意识,那么就有可能被一地鸡毛的事情弄得灰头土脸。如果我们在从事志愿活动的过程中渐渐学会了更好地做时间管理,这也是对自己非常有意义的事情,因此,我们必须有时间管理意识。

二、时间管理有方法

(一) 6 点优先工作制

效率大师艾维利在向美国一家钢铁公司提供咨询时提出了6点优先工作制,它使这家公司用了 5 年时间,从濒临破产一跃成为当时全美最大的私营钢铁企业,艾维利因此获得了 2.5 万美元咨询费，故管理界将该方法喻为"价值2.5万美元的时间管理方法"。

这一方法要求把每天所要做的事情按重要性排序，分别从"1"到"6"标出6件最重要的事情。每天一开始，先全力以赴做好标号为"1"的事情，直到它被完成或被完全准备好，然后再全力以赴做标号为"2"的事，依此类推。

艾维利认为，一般情况下，如果一个人每天都能全力以赴地完成6件最重要的大事，那么他一定是一位高效率人士。

我们每天都有很多事情，琐碎又繁多，如果将6件重要的事情排序，至少可以保证我们的忙碌有价值，而不是被一地鸡毛的琐事干扰，以致毫无收获。就如同我们无意识地玩电子设备，原本打算只玩5分钟，但可能无感觉地消耗了2小时都不止，时间就被偷走了。因此排序非常有必要。

比如，我在负责志愿者培训时也会面临时间不够用、事情特别多的窘境。于是我也用这样的排序方式来合理安排工作（表3-1）。

表3-1 "6点优先工作制"示例

序号	项目	完成情况
1	拍摄"端颁奖盘直行转身的动作要领"视频，发到群里	
2	7：30召集培训团队老师开会，示范今日培训的动作口诀和重点	

续表

序号	项目	完成情况
3	提前去培训会场连接音响设备，测试播放颁奖音乐	
4	完成单人项目颁奖流线培训	
5	确定颁奖队员的岗位	
6	写一份简明颁奖流程卡给志愿者	

这样的工作方法让我至少可以做到抓大放小，确保每日工作有序完成，或许仍会有时间不够用的感觉，但至少每天晚上很安心，因为我把最必须、最重要的事情完成了。

（二）严格规定完成期限

帕金森在其所著的《帕金森法则》中写下这样一段话："你有多少时间完成工作，工作就会自动变成需要那么多时间。"如果你有一整天的时间可以做某项工作，你就会花一天的时间去做它。而如果你只有一小时的时间可以做这项工作，你就会更迅速有效地在一小时内做完它。

我们经常会做计划，但可惜的是每项任务都没有明确的完成时间，比如年初我们会雄心壮志地写下新一年的愿望清单，或许没有罗列多少，但是却在年底的时候不忍直视自己的清单，某个简单的项目都没有完成，是不是很遗憾，并不是没有时间和能力完成，而是缺少了一个必需的行为——严格规定完成期限。

你的书柜里有多少读了开头，又或者都没有开封的新书呢？

我在很多人家见过崭新的书籍，在这里我必须提醒大家，如果想要保持阅读习惯，请在购买一本图书的同时给封面贴个便签，写明几月几日前阅读完成，如果没有完成可以给自己一个小小惩罚，比如每日跑 5 公里或是轻断食 3 天等。我把这个方法推荐给很多人，他们的书都重新具有了生命力。

因此，想要合理安排时间，避免拖拉，给每个任务规定期限就很重要。

时间不偏不私，任何人一天都有 24 小时；时间也最偏私，给任何人都不是一天 24 小时。真正自律的人，都具有把"时间颗粒感"做到极致的能力，他们对时间具有很强的控制力。

如果我们能够做到将每日工作进行排序，按照重要紧急的原则来制定 1~6 个项目，并且给必须任务以明确的完成时间，这样我们既不会觉得时间被压榨得很紧迫，又因为有计划和方法而很从容。

（三）番茄工作法

弗朗西斯科·西里洛在 1992 年创立了一种非常简单实用的时间管理方法"番茄工作法"，因为他使用了番茄计时器，我们也可以用手机或其他计时器。

番茄工作法就是把"时间颗粒感"细化为每单位 30 分钟的多个番茄时间，每个番茄钟包括两部分，即 25 分钟的工作学习时间和 5 分钟的休息娱乐时间。

我们在使用番茄工作法时，首先选择一个待完成的任务，将时间设为 25 分钟，专注工作，中途不允许做任何与该任务无关的事，直到时钟响起，然后进行 5 分钟的短暂休息。之后再开始下一个番茄钟工作单元，每 4 个番茄时段多休息一会儿。

番茄工作法极大地提高了工作效率，还会有意想不到的成就感。在志愿服务工作中有时一些校对、编辑任务非常繁重，也很紧急，就非常适合用这种方法。但在使用时有两个要素一定要记得。

第一，一个番茄时间（25 分钟）不可分割，不存在半个或一个半番茄时间。

第二，一个番茄时间内如果做了与任务无关的事情，则该番茄时间作废。

使用一个工具，就要认真且坚持，这样才能够真正有用。

子贡问何为仁。子曰："工欲善其事，必先利其器。居是邦也，事其大夫之贤者，友其士之仁者。"想要做好事情，先做好必要的规划与准备，并且有好用称手的工具，这非常重要。

志愿者需要平衡好工作和生活，在进行志愿服务时还需要不影响本职工作，要保持积极的服务热情，生活不被完全打乱，这是很多志愿者长期从事志愿活动的基础。如果能够掌握时间管理的技巧，我相信我们都会在忙碌、奉献、工作中体会快乐。

第四章
形象礼仪,志愿者逐光而行的样子

第1节 志愿者形象的内涵

在生活中,第一印象常常会成为我们对一个人的深刻印象,甚至影响最终印象,志愿者因其身份的特殊性,有可能直接影响大众对志愿者的印象。从某种程度而言,每一位志愿者都不代表自己,更多的是代表了志愿者这个队伍,在一些大型活动中,又代表了这个活动的形象,甚至一个城市、一个国家的形象。

为了迎接1990年第十一届亚运会,北京市4万名大学生成立了"首都高校亚运会义务服务大队",承担了有关宣传准备、环境清理、会务服务等重要职责,开创了大学生义务服务国家大型项目的先河。其后的第三届远南残疾人运动会、第四届世界妇女大会等大型赛事和会议,都采用了这一义务服务方式。这些义务服务不仅具有开创性意义,而且也为下一阶段配合国家大型项目开展青年志愿行动积累了宝贵的经验。

在大型赛事中,志愿服务内容主要分为两部分,赛事志愿服务和城市志愿服务,一般来说从事赛事志愿服务都会设计配发志愿者服装，鲜明的标志、统一的着装，以体现赛事的专业度；城市志愿者的服装则是根据服务内容而定，由于人数众多，很多时候不做统一配发，但为了呈现良好的精神风貌和服务心态，着装也会有一定要求。

一、志愿者服务形象之显性信息与隐性信息

如果你去观看一次体育比赛，你希望看到志愿者有哪些形象特点？你想象志愿者会身着什么样的服装？

我想大部分人会说，志愿者应该身着运动装吧，和体育比赛的活动气质相吻合，干净清爽，脸上带着笑容，充满活力，自信积极，行走矫健，动作轻盈……

我们发现任何时候在见到一个未知的人之前，基于他的岗位，都会有不自觉的期待和联想，甚至已经在大脑中有一个预设形象，如果能够符合，那么就特别开心，如果不太符合，就会很失望，有时失望不是因为对方的服务形象不好，而是不符合你心中的期待。甚至从刚才的联想中，我们会发现，在看到一个人时，大脑中同步出现了形象之外的形容词，比如自信、积极、充满活力等。

因此我们必须知道，当志愿者出现在公众面前时，会同步呈现两部分信息给大家。

第一部分是显性信息，也就是肉眼可见的外在信息，比如服

装的款式、规格，是否合体；这个人看上去高矮胖瘦，甚至肤色怎么样，五官有什么特点，长发还是短发，发型发色的特点等，就是一眼捕捉到的那些外在形象信息。

第二部分是隐性信息，也就是通过外在信息呈现出来的内在信息，比如通过着装风格、仪态举止，迅速判断一个人的学历、身份、能力、自信度、服务态度和意愿、心情等，这些信息明明是一眼看不到的，但我们的大脑却根据他的外在信息进行了主观判断。或许并不准确，却很牢固地产生了。

第一印象是知觉主体与陌生人第一次接触或交往后的所得印象。对人们形成对人或事物的总体印象具有较大影响，即先入为主，常常成为人们决定自己第二次乃至以后交往行为的依据。

因此，志愿者呈现出来的第一印象非常重要，它会直接影响大家对志愿服务的印象，并且这种印象不仅仅局限在外在形象，也包括态度、能力等。

二、志愿服务形象三要素

（一）呈现专业度

志愿服务需要大家的支持，你唯有专业才有可能获得信赖，在形象上如何体现专业度呢？

志愿者应着装整齐，配发的服装需成套穿着，并且确保干净整洁，服装的整洁程度体现了内心的工作态度，而且干干净净、清清爽爽的服装也会给自己和他人带来好心情。配合着装和工作岗位保持面容清洁，或适当化妆，配饰与服装具有整体协调性，有些大型活动会直接配发全套物资，那么就应该爱护、保持良好的品质和外观。

第19届杭州亚运会的志愿者服装有运动外套、运动裤、短袖POLO衫。配饰有双肩包、鸭舌帽、斜挎包、袜子、水壶。

服装的板型特点是采取人体工程学分割，让穿着者舒适自如。服装图案是融合核心图形"润泽"及互联网点状元素；服装色彩也很有特点，取青山、生态、晴空、水波之色，由"湖山绿"与"水光蓝"相融而成；志愿者服装的面料采用聚酯纤维打造，柔软细腻、舒适挺阔；外套及裤装防风防水，POLO衫可吸湿速干，为穿着者提供贴心防护。

组委会配发的装备非常完整，志愿者在穿着和使用时也需爱护，时时体现亚运会的青春活力。

（二）呈现自信心

志愿者的身份体现了活动品质，志愿者的形象也应该体现出自信风范。当你着装合体、规范时，自信心也就会随之建立，有时让我们手足无措，并不是因为自己能力有问题，可能就是服装掉了一粒扣子带来的心理干扰。

着装规范非常重要，它能体现出一个人严谨的工作品质，纽扣扣好，拉链拉好，衣袖平整，配饰协调，无污渍、无破损、无改装，这些细节就是规范。

（三）呈现信赖感

有亲和力的志愿者形象会带来信赖感，我们总是会信任那些看上去专业自信，同时又有亲和力的人。

形象亲和力的关键在于适度，既不过分隆重，也不随意邋遢，在参加社区志愿活动或是乡村支教等志愿活动时，着装轻松但不随意，在参加一些颁奖活动时，身为志愿者可适当化妆，但绝对不会喧宾夺主，而是很好地体现志愿服务者的身份。

另外，身为志愿者要坚持穿着配发的统一服装，或许就是一件红色的志愿者马甲，但它就能够在数米之外传递出"我是志愿者，你可以信赖"的信息，这就好像我们去停车会找穿着制服的停车管理员，去银行会找穿着行服的柜员，红色的志愿者马甲或是统一配发服装的目的就是体现身份。有时志愿服装需要清洗，应尽量尽快清洗、尽快烘干，整齐统一的形象会让每个志愿者都具有可信赖感。

三、志愿者形象之五应法则

志愿服务涵盖范围非常广泛，因此形象的要求也不能只有一个标准，而是需要应时、应景、应事、应己、应制。

亚运会官方服饰主要分为四大类，即亚运会正装制服、亚运会体育服饰、亚运会礼仪服饰、亚运会火炬传递服饰。

以 2010 年广州亚运会为例，亚运会官方正装制服系列以蓝色休闲西服搭配浅灰色下装为主，并采用深蓝、海水蓝、蓝绿的色调，将 5 套服装作明度的变化。其设计理念源于岭南画派，突出"活力广州，绿色亚运"的主题。

服装融合满洲窗、大海、花城、羊城等广州元素，面料突出环保与舒适性，使其能适合广州 11 月天气的要求。

2010 年广州亚运会官方体育运动装分为三大类：即志愿者、工作人员和技术官员运动服饰，包括长袖、短袖 T 恤衫、运动夹克衫、裤子以及帽子、水壶、运动鞋和腰包等配饰。

志愿者服装主体颜色为生力绿，展示青春朝气，体现绿色环保。广州亚运会的志愿者分为城市志愿服务站（点）志愿者和城市文明志愿者，前者的服饰是一套运动服，配上背包、帽子、T 恤、领结；后者的服饰是马甲和帽子。

工作人员服装主体颜色为活力橙，展示了奉献亚运激情，体现活力与阳光。技术官员服装主体颜色为海洋琉璃蓝，体现公平与公正。不同岗位、不同身份均有不同的服装标准。

（一）应时

服装需要掌握时间原则，时间是一个大的概念，既包括每天的早、中、晚时间的变化，也包括春、夏、秋、冬四季的不同和时代的变化。即与时代变化同步，与四季变化同步，务必与穿着的具体时间相吻合，在不同的时间里应当穿着不同的服装。

(二) 应景

着装应当优先考虑自己即将出现或主要活动的地点，尽量使自己的着装与自己所面临的环境保持和谐一致。如果没有统一配发志愿者服装，可穿着自己的日常服装进行志愿活动，也需要提前了解服务地点，避免自己的着装同所处环境格格不入或反差过大。

在大型会议等庄重的场合，着装应该端庄大方；在体育赛事等场合，着装一般以体育服饰为主；在抗震救灾现场，着装应低调方便；在社区工作，着装应该有亲和力。

(三) 应事

着装应当根据自己的服务事项有所变化。服装没有对错，只有穿错了地方。

在抗震救灾现场，华丽的服装本身没有问题，但它应该出现在晚会上，若有人穿它去现场做采访就有问题。把家居服穿出来，不是家居服的问题，而是穿出来这件事不得体。在社区进行医疗救援服务，化妆浓妆、穿着艳丽就不合适，少了亲和力，多了不恰当的、居高临下的感觉。因此，志愿者的着装应符合当日的事项，和谐匹配为第一原则。

普通场合做到正规、干净、整洁、文明；庄重场合力求庄重、高雅、严肃；喜庆场合要时尚、潇洒、鲜艳、明快；悲伤场合要素雅、肃穆、严整。

（四）应己

选择一件适合自己的服装，选择一套能够扬长避短的服装，这会给自己带来自信，要注意性别、年龄、肤色、形体四个方面，穿着适合自己的服装有助于更加自信、自如地投入工作。

在志愿服务活动中，一件适合自己的服装，能够让人看上去更有活力，更为积极。有时就是穿错了一件衣服而让人沮丧。

（五）应制

志愿服务形象还要符合制度和规范，比如大型赛会颁奖礼仪志愿者，都有统一的服装，并且会发布统一的妆容规范。一般来说，这样的整体造型也是专业团队精心设计的，都有其规范和品质。为了呈现更好的服务质量，我们必须遵守规范，眼影、口红的色彩，眉形、睫毛的化妆标准，粉底、腮红的颜色选择，都需要具有一致性。着装必须做到制度化、系列化、标准化。

全国第十四届运动会、全国第十一届残运会暨第八届特奥会颁奖礼仪服装取名"青山绿水"。

秦岭和合南北，泽被天下，是我国的中央水塔，是中华民族的祖脉和中华文化的重要象征，在华夏民族的基因里也注入了秦岭精神。

颁奖礼仪服装方案中融汇秦岭精神。设计中呈现出中华民族引以为傲的盛唐气象及博大的家国情怀，意欲表现秦岭山峦叠翠，金碧青绿的和谐生态。这套颁奖礼仪服装以体现金碧山水的绿色为主色调，款式中西合璧，是对传统旗袍的创新演绎，将玉文化贯穿于设计之中，君子比德于玉，寓意运动员守德诚信，金碧的山岭映衬"绿水青山就是金山银山"，寓意人与自然和谐发展，小立领与开衩的设计更显女性婀娜多姿的身段与恬静的气质，采用玉质纽扣，装饰于中式立领间，玉质发簪横贯发髻，寓意守正庄严。设计外搭披肩，整体服装更加端庄柔美。

在为颁奖礼仪志愿者进行培训的时候，我们的仪态举止也契合这套颁奖服的特点和理念，做了精心的设计，让静态形象和动态举止相得益彰。

第2节　"四步阶梯"呈现得体形象

志愿者的个人形象既是个人发展的需求，也是社会发展对于志愿者的要求。个人形象是一个人的外表或容貌，也是一个人内在品质的外部反映，它是反映一个人内在修养的窗口。

据《史记·孔子世家》记载:"孔子以诗、书、礼、乐教,弟子盖三千焉,艺者七十有二人",正因如此,后人便将孔子的办学规模概括为三千弟子、七十二贤人。

孔门众多弟子中其实还有这样一人,他曾经被孔子看不起,但最终靠着努力广收了三百弟子,还因为斩杀蛟龙而被民间称颂了两千多年,他就是澹台灭明。

鲁昭公三十年(前512年),澹台灭明生于鲁国武城,也就是今天的山东省临沂市平邑县南武城一带,他在武城土生土长,长大后就在武城当了一任小官。

巧合的是,澹台灭明任职时,其上司正是孔子的弟子子游,子游见澹台灭明为人正直,很契合孔子的理念,便向孔子推荐了他。孔子的教育理念是有教无类,也就是不分人的高贵低贱、聪慧愚笨,都一视同仁地进行教育。

然而,澹台灭明或许是第一个令孔子感到不愿意教导的弟子,至于原因,太史公写道:"状貌甚恶。欲事孔子,孔子以为材薄。"也就是说,澹台灭明的外貌实在有些丑陋,导致他虽然一心拜在孔子门下,孔子却认为他没有什么才能,不愿意尽心教授。学习一段时间后,澹台灭明拜别孔子,回到故乡将学到的知识付诸实践。

澹台灭明为人非常正直,如果不是出于公事的需要,他从不去见那些公卿大夫。一段时间后,澹台灭明又前往受礼义影响比较小的南方吴楚之地，在那个时代，南方因为远离周天子的势力范围，所以礼崩乐坏的现象更加严重，澹台灭明带着儒家思想来到江南，很快就受到了热烈欢迎。

没过多久，澹台灭明的弟子多达三百人，他在当地形成了一个小有规模的学派，影响力较大。为了更好地管理弟子，澹台灭明设立了一系列规章制度，在诸侯之中逐渐有了名气。

昔日不受自己待见的弟子取得成功的消息传到了孔子耳中，对此他叹息道："吾以言取人，失之宰予；以貌取人，失之子羽。"

以貌取人这个说法就是这么来的，虽然有些片面，但确实影响着我们对一个人的认知和判断。

管理好自己的外在形象，有助于获得支持和信赖，更便于志愿服务工作的进行，何乐而不为？

不同活动不同身份，志愿者的形象应遵循"四步阶梯"原则。

一、便宜而行

我们强调形象的重要性，同时传递的更积极的观点是形象应符合实际需要，而非永远光鲜亮丽。

在扶贫志愿活动中，你的形象就应该便宜而行，方便舒适即可。扶贫工作的特殊性，也要求志愿者不应该花心思在美丽的形象中，而是花精力在踏踏实实的扶贫项目中。在参加应急救援时，同样首要考虑的是形象是否方便进行救援，而非美观大方。

因此，在一些扶贫、救援、消防、应急等志愿服务时，着装应该方便，适合快速投入工作，不花哨、不华丽、不繁琐，因事而动酌情便宜。

二、轻松热情

在参加支教助学、交通引导、社区服务、体育健身、旅游服务、关爱特殊群体，甚至包括一些海外志愿服务的时候，整体形象应该轻松热情，不刻意华丽，不特别花哨，以清新淡雅的妆容，搭配志愿者红马甲或志愿者配发的服装，整洁大方。

这类着装的整体要求是有亲和力，贴近大众，便于服务，又能够展示活力。

三、规范得体

在参加科技科普、文化艺术、平安综治、禁毒宣传、税收服务、疫情防控、卫生健康、环境保护、文明风尚等志愿活动时，应该符合身份并且体现服务风格。

我曾经为科普志愿者做过培训，科普宣讲团的成员在着装方面的要求就是着正装，体现严谨和专业，这也是科普精神。有些科普志愿者会深入田间地头辅导农民作业，他们又都会统一身着蓝马甲，甚至在很多地方蓝马甲已经成了农民信赖的形象。规范、得体、统一的形象能够建立起一个组织的可信度。

2022年7月,陕西省长武县的田间地头出现了一群身穿"蓝马甲"的人,他们是科普志愿者。汛期来临,长武县农业农村局充分发挥党员干部专业人才优势,主动作为,全力组织农业科普志愿者深入镇村,指导农民群众掌握汛后农业生产防治技术,减轻强降雨对农作物、畜禽养殖影响,为全县农业提质增效,农民稳步增收保驾护航。

针对农民群众关心的农业生产问题,农业科普志愿者积极开展为农服务活动,深入田间地块,现场指导群众做好玉米、大豆等作物病虫害防治;组织对杨家沟等12个村4561亩玉米进行无人机"飞防";指导蔬菜种植户加固大棚327个,疏通田间排涝,清理道路淤泥;对河道、沟渠等区域开展病死畜禽排查,对32个规模养殖场户进行消毒消杀,发放消毒药品27箱。

四、专业严谨

在进行大型赛事的志愿服务或者在一些礼仪场合,志愿者需要妆容整齐、统一着装、严谨配套,按照规范穿着。

2014年北京APEC会议服装充分体现了中华文化的"和合之美","和合"自古以来就是中华民族一直强调的处世哲学及生活之道,体现了中华民族热爱和平、兼容并蓄的性格。同时,"和合之美"的设计理念也是对本次APEC会议主题:"共建面向未来的亚太伙伴关系"的完美诠释。

　　志愿者服装分为室内、室外两套，在户外服务的志愿者穿着的是蓝色防寒冲锋衣。防寒服的蓝白配色是亚太经合组织标志中的颜色，北京志愿者被亲切地称为"蓝精灵"。另外，蓝色也使他们在机场人群中更加醒目。在防寒服衣袖上的纯白宽条纹边上还有一道"彩虹条"，巧妙地将北京 APEC 会议的五彩标志融入其间。

　　在室内服务的志愿者正装为黑色，服装按照每名志愿者的身高、体形量身定做。左侧胸口带有北京 APEC 会议五彩标志及志愿者徽章，为整体的庄重感点缀了一分活泼。志愿者正装包含中国元素，采用了时尚双扣和立领设计，衬衫领口和袖口配上中国红的纽扣，美观大方。同时，正装面料柔软，也充分考虑了吸湿性和透气性，方便志愿者参与各项礼宾活动。

　　志愿者的形象不仅是外在样貌和着装，还是精神气质和个人修养从内到外的体现。志愿精神的内涵是提升人们幸福感和获得感的核心内容。中国特色志愿服务事业在规模大和内涵深化的同时取得了越来越好的社会效果，而今志愿者的形象也在一次次历练中不断提升，中国志愿形象会成为志愿文化的重要载体。

第3节　仪容礼仪清新雅致

礼仪是一个国家社会文明程度、道德风尚和生活习惯的反映。仪容礼仪也反映了一个人的素养、态度和习惯。

仪容礼仪是一个人精神面貌的外观体现，包括一个人的卫生习惯、整洁程度、面部妆容、发型发色，当然也包括裸露的皮肤管理。

志愿服务的内容非常广泛，在赛事、会议、宣讲等服务场合讲究仪容礼仪本身就是对志愿服务工作的尊重。本节内容所关注的场合包括大型会议、重要赛事、媒体沟通、文明宣讲等，在应急救援、防疫健康等领域则以工作迅速推进为主要原则。

一、视觉

（一）清洁

清洁卫生是仪容礼仪的关键，与样貌无关，因为一个良好的卫生习惯，不仅会体现个人积极的生活、工作态度，同时也能够让与之接触、沟通的人感觉被尊重。

如果满脸油光、带着眼屎，一张口就有异味发出，那必然会破坏一个人的美感。文明人的标志之一就是注重个人形象，良好的形象也是热爱生活、尊重工作的表现。

因此，志愿者都应该养成良好的卫生习惯，清晨起床洗脸剃须，保持面部清洁，经常洗手注重个人卫生，勤洗澡、勤换衣。

在日常生活和工作中也要讲究个人卫生，做到勤洗手，常剪指甲，以免藏污纳垢，保持耳、鼻、眼角、嘴角的清洁卫生，并经常去除眼角、嘴角和鼻孔的分泌物，保持视觉的洁净。男性要定时剃须，修剪鼻毛，面部清爽干净。

（二）规范

在发型方面要注意的是符合身份，定期理发修剪头发。发型的要求是利落、端庄，而不要夸张、华丽、怪异。身为志愿服务人员要做到发型与着装协调一致，保持美感，但不会喧宾夺主吸引视线。良好的形象是为了呈现积极的工作状态，而不是为了吸引人眼球，不能本末倒置。做好服务工作是第一要素，形象是为服务加分。

男性发型自然大方，符合大众审美观，保持清洁、整齐，发色以黑色和棕黑色为主，头发的长度要求为前面头发长度不过眉毛，后面不过衣领，发角不过耳。不留长发、不蓄大鬓角，头顶不做高耸造型。

女性发型以方便工作为原则，保持清洁并梳理整齐，发色以黑色和棕黑色为主，前面刘海长度不过眉毛，后面不过肩，按照所从事岗位的要求进行造型，束发或盘发，使用的发网、头花或发夹应为黑色，不得佩戴花哨可爱或华丽的头饰、发绳。

无论是发饰还是首饰都要以简洁为原则，不能花枝招展，过分艳丽，应不妨碍工作，不吸引视线，简洁、明快、方便最为合适。

（三）自然

在一些大型、隆重的会议赛事等场合，适当化妆也是一种礼貌，并且美观的形象能够和场合隆重大方的氛围相得益彰。化妆是一门技术，也是一门艺术，不同的妆容适合不同的场合，适当得体的妆容能够呈现个人风采，志愿者整体妆容需要自然清新、文雅端庄。

自然是仪容美化的最高境界，它追求一种真实而富有生命力的效果。虽精心妆饰，却似无妆。另外，化妆时要注意妆面的色彩和浓淡搭配，正确地使用化妆、修饰技巧及合适的化妆品。妆容浓淡相宜，清新自然，并且与自身的面部特点整体协调。确保化妆、发型、服装达到整体完美的效果。

此外一定要注意腋毛、腿毛不外露，适当修剪鼻毛，这些都是影响视觉感受的因素。

二、听觉

作为一名志愿者，在服务过程中应注意声音管理。

打喷嚏、咳嗽、擤鼻涕、大声清嗓子、放屁、打嗝等行为在工作场合尽量避免，这些行为会有声响，会给他人造成不好的听觉感受，也有可能造成细菌传播等不文明行为，一定要避人。可以转身、低头，暂时回避，这样有意识的动作也会让人放心。与人谈话时应保持一定距离，音量适中，同时讲话时避免口沫四溅。

三、嗅觉

作为志愿服务工作者在有条件的情况下要经常洗澡，并且勤换衣裤和鞋袜，身上不能有汗味。坚持早晚刷牙，餐后漱口，保持口腔卫生，要注意保持口气清新，牙齿洁白无杂物。

工作前避免食用气味浓烈的食品，比如葱、蒜、韭菜等味道强烈的食物。饭前便后要洗手。

在工作场合要做到身无异味，口气清新。

四、感觉

感觉很微妙，有时一个微小的举动就会让他人不舒服，有时一些习惯性的举动，又常常不自知，你以为无伤大雅，有可能已经让别人感觉糟糕透顶。做好仪容管理，不仅仅是视觉、听觉和嗅觉，也包括感觉，让他人感觉舒适是工作的一个组成部分。

因此，在工作中一些让人感觉不好的行为也需要避免，比如剔牙齿、掏鼻孔、挖耳屎、修指甲、搓泥垢等，这些行为都应该避开他人进行，否则，不仅不雅观，也不尊重他人。当众补妆、站起来时拍打衣服、整理腰带等，也都是失礼于人的表现，在工作中会给人造成不专业不认真的感觉。总之，不要在人前"打扫个人卫生"。

我们要追求仪容协调、美观、自然大方。志愿者不仅应注重在仪容上与自己的角色相协调，体现端庄稳重的风格，还应该注意仪容与所处场合的气氛相协调。仪容在人际交往中的实际意义有时会胜过语言，可以透视出一个人的修养和内在品质，甚至体现个人身后所代表的家庭、单位、城市等更丰富的内涵。

第4节　由静到动，志愿者形象管理

微光成炬，向光而行。

随着中国志愿服务的发展，志愿者的形象在我们的脑海中从模糊到清晰，从陌生到熟识，在我们身边有很多志愿者，他们也许是家人，也许是同事，也许是邻居。

他们就是有理想、有信念、有爱心的人，他们也许从报纸、杂志、电视走进了我们的生活，而那个志愿者有可能是你，也有可能是我。

建立一个新时代志愿者的良好形象，也需要我们共同努力，除了静态形象仪容仪表的管理，还应包括和志愿者身份密切相关的代表性物品管理，比如志愿者的标志马甲、袖标、背包，也包括工作中会使用的笔、表等物品细节。

在 2022 卡塔尔世界杯上有一群中国志愿者，为各国媒体、观众提供志愿服务，让更多人感受世界杯的温暖与力量。在世界杯赛场上的中国志愿者都有一眼可以辨识出来的身份，因为在他们每个人胸前都别着一枚本届世界杯志愿者专属徽章，徽章是一个爱心的轮廓，里面是中国国旗，代表了志愿者的国籍，在这届世界杯上有三十多名中国志愿者，他们代表了中国志愿者的形象。

一、志愿者服装

广大志愿者还有一个可爱的称呼是"红马甲"。红色代表力量、关爱、热情和温暖，古人云"岂曰无衣，与子同袍"。中华民族几千年来在应对自然灾害的过程中形成了坚强不屈、一方有难八方支援的民族精神。红马甲就是这种精神的集中体现。在中国，红色传统上表示喜庆，红色也是代表爱的颜色，所以志愿者马甲很多都是选用红色，希望把爱传承下去。当然，各个地区由于服务内容不同，也有蓝马甲等。

除统一配发专业服装外，红马甲就是中国志愿者最常见的服装。一件红色的马甲，上面有中国志愿服务的标志和标语，非常醒目也深入人心。

无论身着哪种款式的志愿服装，都需要遵守一定的礼仪规范。

（一）规范

作为志愿者要服从志愿服务团队的服装管理规定，规范着装。不随意更改穿着方式，不随便修改服装款式，统一着装文明大方。穿着志愿者马甲时，志愿者在活动前务必考虑衣服和志愿者马甲的搭配，纯色为主，上衣必须有袖子，搭配长裤为主。

志愿者在岗期间，统一穿着志愿者衣服，有扣子的上衣必须扣上纽扣，帽子的帽檐应保持端正，不要歪斜。

禁忌：无袖上衣、短裤、短裙、拖鞋、凉鞋等。

（二）整洁

确保平整、清洁、无污渍、无褶皱、无残破、无异味。

（三）简洁

简约简洁为首饰佩戴原则，男性最好不佩戴首饰，女性尽量少佩戴首饰，无论是首饰还是配件必须是不晃动、不耀眼、不华丽。

从事志愿服务工作，服装以简洁为美，以不影响工作为前提。

二、袖标

志愿者袖标是指戴在袖子上的标志，有松紧型、粘贴型和别针型，它是志愿者身份的体现，因此在佩戴时须遵守规范。

（一）佩戴

志愿者袖标应该佩戴在左手上臂中部，标识字样朝外。

（二）规范

袖标保持清洁平整，标识内容完整清晰，不污染、不模糊。

三、胸卡

佩戴胸卡时，应将胸卡佩戴于规定的位置，正面朝外。并保持胸卡干净整洁、完好无缺。胸卡上的字迹模糊或缺损时，应及时更换新的胸卡。不可在胸卡上乱写乱画，也不可在胸卡上粘贴或悬挂其他物品。

四、工作证

志愿者在进行赛事会议等服务时需要佩戴工作证，能够体现身份，方便辨识，同时也对工作交流有促进作用，当志愿者规范佩戴证件时，进行安全检查、交通指引、会议服务更有助于大家的支持与配合。

（1）工作证是志愿者在工作时期的身份证明，在工作期间需要全程佩戴。

（2）工作证应统一佩戴胸前，正面朝外，需要时应主动展示。

（3）一人一证，本人使用，不得转借、私自涂改。

（4）工作证应妥善保管，若损坏或遗失，应立即汇报，及时申请补办。

五、工作用具

在工作时随身携带一支笔非常必要，可以方便自己记录和工作，在有需要时也可以方便他人。可携带一支蓝黑色的签字笔，用于书写正式的文本或手写签名时使用。

　　志愿者的工作繁琐而具体，随身携带小记事本和便签也是好习惯，为他人提供服务时，写下来、画出来会方便对方知晓相关事宜。俗话说："好记性不如烂笔头"，将工作中重要或复杂的事情记录下来也是避免遗漏的好方法，一个细心的服务人员，通常是在一些小事上做到了极致，随身携带的记事本应轻巧便携、方便使用。同时也要及时整理、汇总和处理上面所记载的各类信息，让服务更加高效。

　　手机已经成了我们生活的必需品，代替了身份证、钱包、手表的很多功能，我们几乎与它形影不离，但手机也有一个负面的视觉效应，就是一个人看手机的时候，总会给人以在刷视频、玩游戏的感觉。志愿者在工作时尽量把手机放在规定的常规位置，不使用的时候不要把手机拿在手里。

　　志愿者是用平凡书写伟大的一个群体。他们用一项项关爱志愿行动，弘扬雷锋精神，为文明城市添加温暖，温暖了城市里的每个角落。"红马甲"遍布大街小巷，"志愿红"温暖平常时光。这样一个美好的形象，值得我们规范并尊重，这样的一个身份也值得我们热爱并为之努力约束自己，由静到动，全面提升志愿者形象。

第五章
仪态礼仪，志愿者最闪亮的名片

第1节　恰当的目光交流令人如沐春风

儒家学说认为，人的活动应该符合"德"，要体现仁义，文行忠信，为此，根据德的行为要求制定了一套规范称为"礼"。眼睛是心灵的窗户，目光能够传情达意，目光也是一个人内在"德"的外在体现，"诚于中而行于外"，即使你一言不发，你的眼睛也能够倾诉和表达，在沟通中让彼此心领神会。目光千变万化，表露着人们丰富多彩的内心世界。

一、第一眼的尊重就在目光里

眼神又称目光语，是运用眼的神态和神采来表达感情、传递信息的无声语言。在面部表情中，最生动、最复杂、最微妙也最富有表现力的莫过于眼神了。

不同的眼神可以表达出不同的思想感情，一个人的眼神柔和友善，我们会坚定地认为他是一个乐于助人、友善开朗的人；一个人的眼神坚定自信，我们能从中感受到这个人坚定的信念和执着的追求；一个人的眼神明澈坦荡，常常传递出为人正直、心胸宽广的积极信息；一个人的眼神明亮而富有神采，仿佛正在讲述一个人是多么锐意创新、积极进取。当然，如果眼神中有狡黠晦暗，会让人觉得不可信赖，需加以提防；如果眼神飘浮游移，似乎说明其心胸狭窄，缺乏自信；如果眼神暗淡无光，似乎是处于人生低谷的状态。有的人目光像西北风一样冰冷，但也有人的目光让你在看到的瞬间就感觉世界都暖了。

（一）讲话时需要看着对方

目光有人是一种积极的社交态度，如果讲话时你都不看对方，这传递出的隐性信息就是：懒惰、懈怠、瞧不起、自大……在志愿服务过程中，讲话时看着对方就是一种自信而积极的态度。

（二）倾听时目光关注对方

倾听他人讲话，给他最好的支持就是看着对方，这会传递积极的讯号：你说，我在听；你讲得挺好的；你可以大胆表达你的想法和观点；没关系，无论对错，你都有权利表达……在志愿服务过程中，倾听时的注视就是一种尊重，"看对方"就是服务。当然，由于工作的紧迫要求，也许不能一直看着对方，但对方最初讲话时，应给予3秒的目光关注，然后交代一句"您说……"之后可以继续手边的工作，再配合以点头或声音的回应即可。

（三）志愿服务中的目光礼仪

什么时候需要用目光关注对方，让目光来体现尊重，传递信息呢？

1. 关注时

志愿者在工作的时候，感受到有人走近或是驻足停留，就应该与对方有恰当的目光交流。不发一言却又似乎一直在沟通，不忽视、不漠视，才是良好的服务心态。

2. 致意时

打招呼问候时，特别需要注意目光的交流，我们或许不会和很多人发生具体服务，但毫无例外，我们有机会为每个打招呼的人提供热情的问候服务，很多时候就是相视一笑，温和的眼神会令人如沐春风。

3. 道别时

每次服务结束彼此道别时，也是创造良好的末轮效应的时机。末轮效应是指在人际交往中，人们所留给交往对象的最后印象，通常也是非常重要的。在许多情况下，它往往是一个集体或个人留给交往对象的整体印象的重要组成部分。有时，它甚至直接决定着集体或个人的整体形象是否完美，以及完美的整体形象能否继续得以维持。因为它是最后定格在人们脑海中的印象，往往非常深刻。

末轮效应理论的核心思想是要求人们在塑造单位或个人的整体形象时，必须有始有终，始终如一。

在彼此道别时，不仅仅说一句"再见"，而且应该有比"再见"更余韵悠长的"目光"。

二、目光中的"三度内涵"

（一）角度，注视的角度体现心态

我们最喜欢平视的目光，客观而又平等。

全国第十一届残运会，我在为颁奖礼仪志愿者培训时，有一个特别训练的动作就是如何穿着颁奖礼仪服装得体地蹲下，因为在赛场上，有轮椅运动员和颁奖嘉宾，端着托盘蹲下而不是俯身，这是我们能给运动员最好的敬意。紧身合体的颁奖礼仪服装使得蹲下是一个不容易的动作，因为既要美观，还要自然；既要一气呵成，又要控制好服装和托盘，我们一次次训练，恰到好处地蹲下，就是为了在颁奖环节中，能够以平视的角度与嘉宾和运动员进行目光交流。

在全国第十一届残运会赛艇颁奖现场，当有人把现场颁奖图片发到我们的工作群时，我看到西北农林科技大学的颁奖礼仪志愿者蹲在地上，目光明亮、微笑灿烂地为轮椅颁奖嘉宾递送奖牌时，我的眼睛湿润了，我喜欢这样美好的画面，我想我们无数次的训练就是为了让礼仪真正体现尊重。

目光的角度分为三种。

1. 平视

目光平行向前注视对方，不高不低，双方视线平等。《礼记·曲礼下》中讲"大夫衡视""衡,平也。平视,谓视面也。"

平视是一个人的谦虚态度,永远都不会高高在上,也不会妄自低下,也是礼仪精神的注解。

在服务时,平视是最应该采用的目光角度,彼此都会感受到宽容和积极的氛围。

2. 俯视

从高处向下看就是俯视,不仅仅是位置高,有时当你把下巴扬起,便也是目光俯视的状态,这是一个高傲、自大、权力的角度,在志愿服务中禁止使用。

3. 仰视

仰视的意思是指仰面向上看,或是抬头向上看,现代人也常用来表达对某人或某事的敬慕、敬仰和向往之情。在服务过程中,由于工作位置的原因,有时会出现仰视的状态。

(二)温度,注视区域的舒适感

1. 倒三角的愉悦交流区域

我们一般不会直视对方的双眼,这样的目光往往传递出锐利、直接、深情、质疑,当我们注视区域过小时,目光非常集中,往往就少了舒服的亲和力。

在常规的志愿服务中,与人交流应注视对方双眼到鼻尖的三角区域,一般注视倒三角区域可以营造一种平等、亲切和轻松的交流气氛,有利于双方的沟通,这样既能够体现尊重和关注,同时小区域的目光交流也不会让彼此感觉到紧张和压力。

这是非常适合一般服务的注视区域。

2. 正三角的轻松交流区域

正三角区域是指眉心到双肩所形成的正三角。这个注视区域适用于距离较远或是意见不一致的时候使用，这样一个更为开阔的注视区域，能够给彼此更多空间，视线也不会有咄咄逼人之感。

在志愿服务时还应注意"散点柔视"，让目光少一点锐利，多一点轻松，少一点直接感，多一点柔和感。

（三）态度，注视中的心态秘密

每次交流的开头最少保持 3~5 秒的视线接触，其后如果有忙碌的工作需要继续，可以知会对方后，边交流边工作。

常规的视线接触时间不应少于彼此交流时间的 50%，如果在交流中需要借用其他视觉化工具辅助，目光注视的时间也可以灵活。

我们特别关注目光交流时间的目的是体现积极的服务态度。

孟子说："听其言也，观其眸子，人焉瘦哉。"观察人的方法，没有比观察人的眼睛更好了。眼睛不能掩盖人们内心的丑恶，一个人心中正直，眼睛就显得清明。

正视对方，表明了一种尊重坦荡的心态；斜视对方，似乎给人的感觉是轻蔑；频繁注视，一般是对对方有好感和重视；很少看对方或不屑一顾，表明反感和轻视；眼睛眨动的次数多，表示喜悦和欢快，也表示疑问或生气；眼睛眨动的次数少甚至凝视对方，表示惊奇、恐惧和忧伤；如果不敢直视对方，可能是因为自卑、害羞或是有事隐藏；沟通时有一方不停地转动眼球，这也许是在想新主意或坏主意；如果是频繁而急速地眨眼，也许是表示羞愧、内疚，但也可能表明他在撒谎……瞧，无论信息是否绝对准确，但毫无例外，一个人的眼神一直在向外界传递信息。

在志愿服务时我们要正视对方，目中有人，保持客观友善的平视角度，根据交流内容而保持必要的视线交流时间，灵活运用倒三角和正三角的交流区域。瞬息万变的眼神，正是人们蕴藏于内心深处丰富、复杂的思想感情的不自觉的流露，所以我们完全可以借助眼神来呈现积极阳光的服务精神。

第2节　灿烂的微笑具有温暖世界的力量

有这样一群人，他们朝气蓬勃，他们热血沸腾，他们无私善良，他们真诚热情，他们用行动带来温暖，用行动诠释奉献。

他们就是志愿者，有人说，看到志愿者的微笑，世界都暖了。

一别都门三改火，天涯踏尽红尘。依然一笑作春温。无波真古井，有节是秋筠。

惆怅孤帆连夜发，送行淡月微云。尊前不用翠眉颦。人生如逆旅，我亦是行人。

《临江仙·送钱穆父》是宋代文学家苏轼的词作。此词上片写与友人久别重聚，赞赏友人面对坎坷奔波时的古井心境和秋竹风节；下片切入正题，写月夜与友人分别，抒发了对世事人生的超旷之思。全词一改以往送别诗词缠绵感伤、哀怨愁苦或慷慨悲凉的格调，创新意于法度之中，寄妙理于豪放之外，议论风生，直抒性情，写得既有情韵，又富理趣，充分体现了作者旷达洒脱的个性风貌。

"依然一笑做春温"也恰如其分地阐释了志愿服务中的微笑理念。在志愿服务中，微笑不仅仅是一种表情，更包含了博爱、宽容、坚持、笃定的精神。不是因为谁而微笑，而是我愿意用微笑温暖世界。微笑传递着一种博爱的精神，微笑也是情感的外在表现形式，是自信乐观的精神风貌。

"微笑吧，北京！真情无限。志愿者的微笑是北京最好的名片。"一首《微笑北京》在奥运之城北京传唱。

"微笑北京"是全国人民在迎接北京 2008 年奥运会和建设社

会主义和谐社会的背景下提出的，是奥运志愿精神与和谐社会理念的统一，是精神和行动的统一。

2008年北京奥运会的时候，志愿者的微笑是北京"流动的名片"，2022年北京冬奥会，志愿者的微笑再次成为北京"流动的名片"，也成为城市一道亮丽的风景线。

2022北京冬奥会开幕式执旗方阵，由中国人民公安大学近百名学生组成，他们手执奥运会五环旗、希腊国旗、中国国旗等不同的旗帜，脸上带着青年人特有的神采，执旗手们站在鸟巢中央，围成一个弧形。

2月4日晚，北京2022年冬奥会开幕式上的这一幕，让屏幕前的无数观众热血沸腾。你被他们的笑容感染了吗？北京隆冬的夜晚，零度以下的气温，凛冽的寒风，露天的鸟巢体育场……但在现场表演结束以后的致辞环节，各位发言人身后志愿者们微笑的脸庞却让那个冬天的夜晚充满了温暖。

在镜头面前的志愿者们全程保持微笑，他们知道微笑就是那晚最灿烂、最炫目的背景。在巴赫讲话的时候，充当背景板的志愿者们给人们留下了深刻的印象，这其中就包括了"微笑男孩"。北京当时的气温已经零下，但是中国人民公安大学的志愿者们微笑灿烂、眼神明亮，眼底有发自内心的自豪，嘴角有专业素养的流露。他们的微笑令人如沐春风，他们也获得了很多网友的关注。中国人民公安大学作为公安类院校中的翘楚，能够就读这所大学，其实已经从一定程度上证明了这些大学生的优秀，他们的优秀也体现在作为志愿者的专业素养上。

一、微笑的意义

（一）微笑是亲和力第一要素

微笑是人与人之间沟通的"最短距离"，也是沟通时神奇的力量。一个人的微笑可以传达出你的善意、你的支持、你的豁达，让对方觉得你是最亲切、最可爱的人。

一个爱笑的人会让人产生自然而然的亲近感，笑容也是亲和力最具体的体现。

（二）微笑会让人产生信赖感

一个人只有内心充实、坚定、宽容时，才能流露出自然的微笑，在志愿服务时你所表达的微笑应该是发自内心的，这样的微笑特别具有可信可靠的感觉，当你微笑时向对方表达的是："很高兴见到你，很乐意为你服务。"

在需要帮助和支持的时候，志愿者的微笑往往就是力量的源泉，让人觉得可信赖、可依靠。

（三）微笑充满积极的希望

即使是在最困难的时候，微笑也有股坚定的力量把人们团结在一起。一项最新研究揭示了微笑是如何影响大脑的，这可能有助于解释为什么微笑会在社会交往中起着如此重要的作用。

来自芬兰和英国的研究人员发现，社会性微笑会触发大脑中与兴奋和情绪有关区域的内啡肽释放。内啡肽通常也被称为"感觉良好激素"。

研究结果表明，社会性微笑引起内啡肽的释放可能是人与人之间支持形成、加强和维系社会联系的一个重要途径。研究人员将他们的最新研究成果发表在《神经科学杂志》上。他们的研究结果表明，微笑引发的内啡肽释放可能在提升亲和力方面发挥着重要作用。

一张笑脸，有可能会让一个绝望的人焕发勇气；一张笑脸，会抚慰一个落寞的人；一张笑脸，能够给消极的人以积极的力量；一张笑脸，能够温暖寒冬。微笑，让志愿活动更美好。

（四）微笑给自己带来能量

大笑需要动用人体内的650块肌肉中的230块来做全身运动，能够帮助换气并有效去除分泌物，供给血液氧气，从肺部排出可生成细菌的残留空气，强化心肺功能。同时，笑对人际关系，对记忆力、灵活性等心理功能也有积极的影响。

二、微笑的要素

生活像一面镜子，微笑是面对生活最好的样子。请记得，让这个世界灿烂的不是阳光，而是你的微笑。

（一）微笑的标准

志愿者的微笑标准是眼型笑、眼神笑、嘴型笑，只有嘴角的动作是牵强、敷衍的笑，真笑的标准就是眼睛和嘴巴都会有变化，同时眼睛中的微笑更有力量。

1. 一度微笑

嘴角两端微微上提，笑肌微抬，不露牙齿，形成一个有亲和力的面部表情，在一般场合非常恰当和自然。一度微笑最适合志愿者在准备阶段和无直接服务接触时运用。

2. 二度微笑

嘴角肌肉略微紧张，嘴角上扬，露出上面的八颗牙齿，眼神柔和明亮。一般在表达问候祝福、融洽沟通、传递支持时二度微笑就非常具有感染力。

3. 三度微笑

三度微笑一般都伴随热烈的情感，由内而外地散发出来。嘴角两端一起上提，嘴角上扬露出牙齿，这种微笑是非常热情的表情语汇，在节假日向他人祝福问候时采用，可以与节日的氛围相适应，也能够感染对方。表达祝贺、祝福，进行愉快的沟通时都可以采用三度微笑。尤其是在赛事服务中，向运动员和获奖者表示祝贺时，热烈的情感就需要通过表情和语言传递出来。

（二）微笑的时机

迎接时，微笑就是问候；倾听时，微笑传递支持；祝贺时，微笑体现心态；表达时，微笑增加自信；祝福时，微笑体现热烈；加油时，微笑最具有能量。在需要表达积极的情绪时，志愿者的微笑都是可贵的。

让微笑成为志愿服务中的信念吧，信念是人的认知、情感、意志的统一体。信念是人们在长期的人生实践中逐步形成的，其中积淀了一个人多年的生活经验，包含了社会环境对他的长期影响。信念一旦形成，是不会轻易改变的。任何时候都不要放弃信念，有信念就有行动的力量，能帮助你战胜任何困难。

微笑在岗位，微笑在生活，微笑在路上。

第3节　行为举止，无声却有形的尊重

行为举止是一种无声的语言，是一个人的性格、修养和生活习惯的外在表现。因此它也是形象的动态组成部分，我们对一个人印象的建立都是基于言行举止所带来的感受。

2022年12月4日11时01分，神舟十四号载人飞船与空间站组合体成功分离。分离前，神舟十四号航天员乘组在地面科技人员的配合下，完成了与神舟十五号乘组在轨轮换、空间站组合体状态设置、实验数据整理下传、留轨物资清理转运等撤离前各

项工作，与神舟十五号航天员挥手告别。

2022年12月4日20时09分，神舟十四号载人飞船返回舱在东风着陆场成功着陆，执行飞行任务的航天员陈冬、刘洋、蔡旭哲安全顺利出舱、身体状态良好，神舟十四号载人飞行任务取得圆满成功。这标志着为期183天的太空出差任务顺利完成。

第一个出舱的陈冬在接受采访时说："很有幸见证了中国空间站基本构型建成，我们像流星一样回到祖国的怀抱，我为伟大祖国感到骄傲。"

第二个出舱的刘洋边挥手边说："回到祖国怀抱很踏实、很安心，见到亲人同胞很激动、很亲切！"

随后蔡旭哲也安全顺利出舱。他说："首次6个月飞行，星河灿烂一览无余，期待重返太空家园。"

神舟十四号的成功回家，神舟十五号的工作开始，都标志着国人太空家园建造史上的一步。

他们不仅仅是令我们感到骄傲的中国航天人，他们的言行举止同样值得我们学习。陈冬出舱后说我们像流星一样回到祖国怀抱，当他把左臂上举时，让无数中国人心潮澎湃，我们的航天梦触手可及，他庄重有力的动作彰显着中国航天的实力，此刻一个上摆手势胜过无数豪言壮语。刘洋出舱后一直挥动的手臂，让我们充分感受到返回祖国怀抱时她内心的激动，单臂挥、双臂挥，频率很快，神采飞扬、欢喜雀跃的心情我们都在她无声的肢体语言中读懂了——是的，回到最温暖的祖国怀抱，就是这样骄傲自豪、欣慰快乐。蔡旭哲说，期待重返太空家园，他同时做了一个握拳加油的动作，笃定的目光和坚定的动作，展示了中国航天的决心和实力，九天揽月，永无止境，逐梦星辰，探索未来，为中国航天点赞。

仪态就是一个人内心的外在表现，它体现在一举一动中，它就是姿态、举止、动作。

一、志愿者仪态举止三要素

（一）文明

志愿者的仪态举止应该符合礼仪规范，温文尔雅、规范得体不仅仅是中国传统美德，也是有理想、有道德、有文化、有纪律的社会主义公民建设、和谐社会的需求。

志愿者应在工作中遵守公共秩序，讲究公共卫生，践行公共规范，推广公共文明。

（二）得体

得体的举止应与志愿者的身份、情景、场合相符合。志愿者的举止既体现个人的风度形象，又要符合自己的身份。根据不同场合、不同对象及时调整自己的行为举止，如待人接物要真诚自然、沉着稳健，处理事物要有条不紊、干净利落。

举止是一种不说话的语言，但又好像一直在说话，志愿者的行为举止也一直在传递着服务心态和服务能力等信息。得体的关键，在于符合志愿者身份、符合工作场景、符合工作内容。

（三）优雅

一个有教养的志愿者，也必定进行过志愿者工作的相关学习，讲究仪态的美观，能够更好地体现志愿工作的专业性。自然而不随意，得体而不随便。

优雅是举止的最高境界，它是精神境界、文化品位、道德修养的综合体现。优雅的举止源于高尚的心灵和良好的教养，也源于日积月累的追求和学习，优雅的举止应该大方、从容、自信、得体。

二、志愿者站姿礼仪

《礼记》中有："若夫坐如尸，立如齐。礼从宜，使从俗。"坐，要坐得端正；站，要站得恭敬。在遵从礼节的时候要因时因地来行权宜之变，出使别国要顺应当地的风俗。志愿者的站姿要遵守岗位要求，同时体现对环境场合的尊重。

（一）站姿要挺拔

身体正直、挺胸收腹、腰背挺拔，双肩自然打开下沉，头部端正，双目平视，面带微笑，微收下颌，这是一种谦逊而且亲切的姿态。双臂自然下垂，两腿尽量并拢，两腿关节与髋关节舒展伸直，身体重心放在两腿之间，肌肉略有收缩感。

从侧面检查，以下四点应该呈一条直线，侧面标志点包括：

外耳孔、肩峰、髋部、外踝前2cm。力生于足、形于腿、主宰于腰，表现于力线。当这些标志点在一条直线上，就意味着身体的重心和力线是良好的。

（二）站姿要规范

1. 基本站姿

身体挺拔站立，双臂自然下垂，双脚并拢，重心分布在两脚，女士双腿尽量靠拢，双脚并拢，男士可双腿微分不超过肩宽，腰部保持直立，挺胸收腹，双肩自然打开下沉，下颌微收，双目平视，面带微笑，男士和女士均适宜。当志愿者穿着轻松休闲的服装，比如志愿者马甲或志愿者体育服装时，这都是非常得体的站姿。

2. 礼仪站姿

女士礼仪标准站姿为自然挺拔站立，双手虎口相交叠放于体前，约肚脐下三指的位置，右手在外，左手在内，右手食指的侧面贴于左手指根关节处，双手四指并拢，大拇指藏于掌心处，手掌尽量舒展，指尖朝向地板，手指不要外翘，这样的站姿会传达给人一种专业的感觉。

男士礼仪标准站姿为双脚平行分开，不超过肩宽，腿部肌肉收紧，大腿内侧收紧，髋部上提。脊柱伸展，后背挺直，胸腔打开，双肩下沉。左手在外，右手在内，左手在腹前握住右手手掌的位置，右手手指自然弯曲，双手自然下垂，手臂呈自然弧度。

三、志愿者坐姿礼仪

志愿者在入座时应遵循"左进左出"的原则,从座位的左侧入座,离开时也从左侧离开。

正位坐姿适合大多数场合,具体坐法是:身体重心垂直向下,双腿并拢,坐在椅子的2/3处。大腿和小腿呈90°,女士双手虎口相交轻握放在左腿上,男士双手放在双腿上,挺胸直腰面带微笑,女士应双腿并拢,男士双腿分开不超过肩宽,工作场合采用正位坐姿,端庄大方。

志愿者进行团队合影时也应采用正位坐姿,姿态越简约,越凸显服务精神。

四、志愿者蹲姿礼仪

志愿者工作中采用的蹲姿为"高低式蹲姿",具体指双膝一高一低。

女士蹲姿动作要领(以左脚在前为例):下蹲时左脚在前,右脚在后,两腿靠紧,脊背挺直。左脚全脚着地,小腿基本垂直于地面,右脚脚跟提起、前脚掌着地。右膝低于左膝,右膝内侧靠于左小腿内侧,形成左膝高、右膝低的姿态,臀部向下,基本上以右腿支撑身体。双手叠放在左腿上,上身保持直立,面带微笑。

男士蹲姿动作要领(以左脚在前为例):下蹲时左脚在前,右脚在后,脊背挺直。左脚全脚着地,小腿基本垂直于地面,右脚脚跟提起、前脚掌着地。右膝低于左膝，形成左膝高、右膝低的姿态，臀部向下，基本上以右腿支撑身体，双腿微分，双手放在双腿上，上身保持直立，面带微笑。

五、志愿者手势礼仪

手势可以传递非常丰富的语汇，招手致意、挥手告别、拍手称赞、拱手致谢、举手赞同、摆手拒绝；手掌是敬、手指是怒、双手尊重、单手随意等。

掌握手势礼仪，才能恰如其分地传递正确的服务信息。

（一）尊重

在志愿服务过程中能够用"手掌语"就不要用"手指语"，伸出手掌体现规范和尊重，而一根手指指人的动作常常会引发意想不到的糟糕结果。一根手指指人又被称为"怒指"，这是一个会激怒他人的动作，禁止使用。

手掌语是指在引导、邀请、指示、讲解、展示时都适合采用的手势语汇，伸出手掌表达了专业感，同时也体现了尊重感。

（二）规范

1. 前摆式手势

前摆式手势适合指引方向、指示位置时使用，它的方向性更加清晰明确。

动作要领（以右手为例）：右手五指并拢，手掌舒展，大拇指轻轻靠拢，手掌、手腕、小臂成一条直线且与地面平行，以肘关节为轴，由身体一侧自下而上抬起到腰部的高度，再由身前向右前方摆去，小臂平行于地面，手掌斜切于地面45°，肘关节距离身体一个空心拳的距离。眼睛看向手的方向，面带微笑。

2. 前伸式手势

前伸式手势主要用于指向他人，如为他人做介绍，邀请某人入座（面对面场景），或者是邀请某人出示证件或资料都会用到这个动作。

动作要领（以右手为例）：身体正面向客户，自体前伸出右手，五指并拢，掌心向上。另外一只手自然下垂，眼睛看向手的方向，面带微笑，表现出对客户的尊重，具体手势方向可根据介绍客户位置不同而改变。

六、志愿者递接礼仪

志愿者在服务时递接物品应用双手以示尊重，如若不便，可用右手，有些国家视左手为不洁净的象征，因此递送物品遵循国际惯例，使用双手或右手，确保服务的安全性和尊重感。

递送物品时为了方便他人，可身体前倾，同时要将物品的正面朝上。如果有文字或标识，应将文字朝向对方，标识朝向对方，尖锐物品等需将安全端朝向对方。

七、志愿者行走礼仪

志愿者在服务场合行走应遵循道路行走规范。一般场合均需靠右侧行走，不居中以方便他人；在隆重庄严场合需徐行，步伐稳重、步速适中，体现对场合的尊重；在紧急情况或有需要快速完成的事项时，为了提高工作效率可疾行，加大步幅加快步速，以工作结果为目标；重要活动当遇到贵宾及特殊人群需要让行或绕行。

透过志愿者的行为举止能够看到精神的高度，注重自己的一言一行是一件很有意义的事情。

"知不足，然后能自反也；知困，然后能自强也。"不断学习进步，从举止开始，让志愿服务更加文明。

第4节　掌握分寸的位置礼仪

志愿服务有一腔热情，但也需得体地呈现，人在文明社会中与他人交往而产生的关系，远近亲疏是可以用距离、位置来衡量的。

志愿者在服务中应该掌握距离、位置、高度等礼仪原则，让服务工作更加得体有序。

新冠疫情的爆发，让我们更加明白距离不仅仅是尊重，更是一种对安全的守护。

"一米线"这个词被反复提及和重视，一米线也是安全线，这是有科学依据的。新冠病毒可通过近距离飞沫传播，说话、咳嗽或者打喷嚏时，病毒会随飞沫排到空气中。研究表明，在重力作用下，飞沫从口鼻排出到落地的水平距离一般在一米以内，这就说明，小于一米的近距离接触，吸入他人飞沫的概率会很大。因此，在公共场合，人与人之间要保持一米以上的社交距离。

在公共场所排队、付款、交谈、运动、参观、购物时，注意保持一米安全距离，不聚集、不扎堆，每个人都要当好健康第一责任人。

保持一米距离不仅能降低疾病传播的风险，也是现代文明礼仪的体现。商场、超市、银行、餐厅、医院、酒店等人群聚集的公共场所和窗口单位都设置文明排队的地面指引标识和宣传标语，引导大家保持"一米线"安全距离、自觉有序排队。

一、距离

距离有时是环绕在人体四周的一个抽象范围，用眼睛没法看清它的界限，但它确确实实存在，而且不容他人侵犯。例如，无论在拥挤的车厢里还是电梯内，无论在人山人海的游乐园还是在观看演出的现场，即使情绪很激动，我们也依然会在意他人与自己的距离。当有人过于接近时，我们常常会不自觉后退且收紧身体幅度，来调整这种距离过近的不适感。

1. 信任距离：0.5米以内或指尖到小臂的距离

0.5米之内被称为亲密距离，这是恋人之间、夫妻之间、父母子女之间，以及挚爱的亲朋好友之间的交往距离。只要可以有亲密行为接触的距离，就被称为亲密距离。因为它也是敏感的距离，不熟悉的人之间最好避免有这样的距离产生。

在一般志愿活动中避免采用如此近距离接触，这会让人感觉不太安全也不太舒服，但在需要帮助支持时，比如救灾抢险等，可以密切到信任距离的接触，但需要告知"我是志愿者，我来做什么"。

2. 服务距离：1米左右

这是一个不过分疏远但彼此安全的距离，无论是从心理感受还是健康防护都是妥当的。可以伸出手和对方握手，可以恭敬地致意，但不会碰触到对方的身体，这个距离在引导、寒暄的时候，在一般的工作场合都是适合的。

在志愿服务中，如果你负责引导嘉宾，就应该站在他的左侧0.5~1.5米，这样的距离会让对方感觉很自在，是最舒适的服务距离。在有些正式的会议中，服务距离就要稍远一些，采用这一距离主要在于体现交往的正式性和庄重性。

3. 公共距离：3米以外

公共距离是指人们在公共场合的空间需求，是人际交往距离中约束感最弱的距离。例如在听演讲或者开会、舞台与听众之间的距离，我们称为公共距离，再或者说当你见到老客户或者朋友的时候，在3米之外这样的距离，你只需要点头示意即可。在这样的距离之外，如果大声地寒暄打招呼其实是失礼的行为，可以通过招手等肢体语言传递情感。

美国人类学家、心理学家霍尔博士有一个实验，在一间大厅里，有一排椅子，假定两个陌生人先后进入大厅，如果第一个人坐在南侧，另一人紧挨第一个人坐下的话，第一个人会本能地移开，与第二个人保持一定的距离。即使在拥挤的公共汽车上，当素不相识的人的身体紧紧贴在一起的时候，人们也绝不允许他人贴近自己的脸，特别是嘴唇和眼睛。这些情况都表明，无论在何种情况下，人体周围都有一个属于自己的空间，人际交往只有在这个允许的空间限度内才会显得自然与安全。

二、位置

"夫礼者，自卑而尊人。虽负贩者，必有尊也，而况富贵乎？富贵而知好礼，则不骄不淫；贫贱而知好礼，则志不慑。"在志愿服务中，无论自己的社会地位如何，无论自己的学历财富如何，以谦虚谦逊的姿态服务，并且尊重他人都是非常有教养的体现，也是志愿服务精神，即便是背筐的小贩，也一定有自尊心，何况那些达官贵人呢？富贵之人明晓礼制，就会不骄矜不过分，贫贱之人知晓礼制，则意志坚定不怯懦。

中国自古以来就是一个重视礼仪的国家。在中国，凡是庄重、威严的公共场合，无论是座次、出场顺序、人员名单，都非常讲究秩序,我们必须对其中的微妙关系有所了解。在日常生活中,有些人会弄错自己应处的位置,但是这种不经意的小差错,有时会让举座不欢。

明确位置礼仪,是恪守职责与本分,做好服务工作的重要因素。

(一)位置基本原则

我国自古流行以左为尊,《易经》中就有"男为阳,女为阴;背为阳,腹为阴;上为阳,下为阴;左为阳,右为阴"。

《史记·魏公子列传》中说,魏公子无忌驾车去请隐士侯赢,"坐定,公子从车骑,虚左,自迎夷门侯生"。车上空着左边的尊位,等待侯赢就座。"虚左",如今已经成为我们常用的成语"虚左以待"。

现代社会,随着国际交往越来越频繁,除政务场合外,一般志愿服务场合都是以右为尊。

位置礼仪的一般原则是居中为上,面门为上,远门为上,以右为尊,前排为上,观看为上。

(二)服务位置礼仪

1.行走的位置

一般来说多人并排行走,中间位置高于两侧;多排共同行进,前排高于后排;两人行进,内侧高于外侧。

因此,在行进或引导时,志愿者一般不会居中,而是谦虚地位于两侧，齐头并进时也不会站在前方带领，但在为他人做引导服务时除外，因为具有引导的责任感，会以清晰明确为要素。

2. 服务的位置

在服务过程中要始终遵循"以右为尊"，例如在为他人做引导时，志愿者就应该站在左侧，体现右侧为尊。

3. 待命的位置

在服务等待状态时，应该保持站立或比较醒目的高度和位置，便于他人寻求帮助，能够一眼看到志愿者，同时在服务待命状态也要保持规范的站姿或坐姿，即使此刻没有进行具体服务工作，等待的状态就是一种服务精神。

我们要立足新时代、展现新作为，弘扬奉献、友爱、互助、进步的志愿精神，通过自信的表情、尊重的举止、得体的距离继续以实际行动书写新时代的志愿故事。

第六章
沟通礼仪,创造恰到好处的服务感

第1节　一开口就温暖的语言礼仪

语言是文化的重要载体，语言是沟通的桥梁，让语言礼仪获得更广泛的传播，有助于推动志愿服务在中国的发展，志愿者能够准确清晰传递信息，才能够在志愿服务中顺畅自如。

一开口就温暖的称呼礼仪、问候礼仪、寒暄礼仪有助于在志愿服务中创造良好的沟通氛围。

一、称呼礼仪

称呼礼仪是在志愿服务中对服务对象、工作单位、领导、同事、朋友或其他有关人员称呼时所使用的一种规范性礼貌用语，准确的称呼能恰当地体现出彼此的身份和关系。

（一）称呼原则

1. 礼貌原则

在工作场合的称呼需要体现礼貌原则，比如使用身份性称呼"李组长""王队长"既有明确的指向性又充满对身份的尊重，但如果将"王队长"简称为"王队"，就缺乏礼貌，省略一个字似乎也省去了礼貌之意。

礼貌是人类文明的标志，也是人类社会生活的一条重要准则，使用恰当准确的称呼，能够在一开口就让对方感受善意。

2. 尊重原则

尊重的意思是尊敬、重视，古语是指将对方视为比自己地位高而必须重视的心态及其言行，现在已逐渐引申为平等相待的心态及言行。称呼时需要体现尊重，无论彼此多么熟悉，只要在工作场合都应该把尊重放在首位。比如不称呼对方的绰号、昵称，就是一种尊重；称呼的时候能够热情友好，也是一种尊重。

3. 得体原则

在不同的场合使用不同的称呼，针对不同的人采用不同的称呼就是得体。讲究场合的恰当性、身份的恰当性、关系的恰当性。比如在为颁奖礼仪志愿者做培训时，我会说"负责嘉宾引导的小姐姐们到这边来集合"，但是在公开彩排的时候，由于有组委会的观摩，场合比较正式，我则会说"请嘉宾引导员到这边集合"。"小姐姐"和"引导员"，分别对应的是私下和公开两种不同的场合。私下训练时，我和大家相处非常愉快，"小姐姐"是我对她们的爱称；而在公开场合，我们需要体现专业化和职业化，所以我会使用她们的身份称呼。

（二）称呼方式

1. 姓名称谓

姓名称谓是使用比较普遍的一种称呼形式。姓名，即一个人的姓氏和名字。在志愿服务工作中，当我们无法确知对方的身份时，全姓名的称谓方式是得体的，"李娜""王晶""刘旭刚"这是身份证上的姓名，这样的称谓有一种正式感、严肃感，一般在开会、宣读名单、分配任务时适合采用。在志愿小组内部活动，或者参加社区活动时，根据彼此的熟悉度，也可以采用名字称谓，比如"小华""建国"等，这样的称呼显得很亲切，但在公开活动中则不太合适。如果是日常训练我可能会称呼志愿者"晶晶"；但是在考核汇报等场合，我会称呼她为"王晶"。

因此，我们需要根据场合的重要程度、彼此的熟悉程度来恰当使用全姓名称谓和名字称谓。

2. 身份称谓

身份称谓一般是以对方所担任的职务、职称、职业来称呼的尊重方式。这种方式也是中国最具有代表性的工作称呼，在职场是非常适合的。

这种称谓方式古已有之，如诸葛亮因是蜀国丞相而被称"诸葛丞相"，张九龄也被称为"张丞相"等。现在人们用职务称谓的现象已相当普遍，目的是表示对对方的尊敬和礼貌。

身份称谓主要有职务称呼、职业尊称两大类，职务称呼包括工作职务和技术职务，比如"张组长""李队长"是属于职务称呼，"王教授""赵院士"是属于技术职务和职称。还有一类是职业尊称，即用其从事的职业作为称谓，如"王老师""赵医生""徐会计""王警官"等。

在志愿服务工作中，职务称呼和职业尊称都是非常适合的，职责清晰便于沟通。

3. 亲属称谓

亲属称谓是对有亲缘关系的人的称呼，中国古人在亲属称谓上尤为讲究，对亲属的长辈、平辈会按与自己的关系称呼，比如：祖父、父亲、母亲、胞兄、胞姐、胞弟、胞妹等。随着社会的进步，人与人的关系发生了巨大变化，原有的亲属、家庭观念也发生了很大改变。现在我们在日常生活中，使用亲属称谓时，一般都是称自己与亲属的关系，十分简洁明了，如：爸爸、妈妈、哥哥、弟弟、姐姐、妹妹等。在进行社区服务、交通服务等场合，可以对服务对象采用这类称呼，比如：大姐、阿姨、叔叔等，感觉比较亲切。

4. 性别尊称

一般约定俗成地按性别的不同，会分别称呼为"女士""先生"。比如在会议接待中，遇到男性可以称呼"这位男士您好，麻烦您出示一下证件"，或者遇到女性也可以称呼"女士您好，麻烦把包过一下安检"，在志愿服务工作中性别尊称也是得体的。

二、问候礼仪

问候是最初会面向彼此表达友好态度的一种方式。

（一）问候的次序

一对一的情况：两人见面通常是"位低者先问候"。即身份较低者或年轻者首先问候身份较高者或年长者。

一对多的情况：如果同时遇到多人，特别在正式会面的时候，应个人主动问候集体，这时既可以笼统地加以问候，比如"各位领导、各位同事，大家好"，也可以一一打招呼问候。当一个人逐一问候多人时，需要遵循由"尊"而"卑"、由"长"而"幼"的方式依次而行，如果人数较多且来自不同部门，最好的方式是集体问候"领导好、同事好"，以免有疏漏，如果人数不是特别多，但为了避免顺序混乱，也可以采用由"近"而"远"依次进行。

（二）问候的态度

1. 主动

主动问候体现了积极和热情，两人见面谁先开口谁更有礼貌，另外主动回应也是问候礼仪中重要的原则。

2. 热情

热情的态度体现在微笑的表情、热烈的语气和亲切的方式。

3. 大方

落落大方、彬彬有礼的问候是一种素养，无论是表情还是语言，无论是致意的动作还是回应的方式都应该自然大方。

（三）问候的内容

问候内容分为两种，分别适用不同场合。

1. 直接问候

在志愿服务中，这是非常适合且首选的问候方式，"您好""大家好""早上好""中午好""晚上好""邻居们好"等。

2. 间接问候

所谓间接式问候，就是以某些约定俗成的问候语，或者在当时条件下可以引起的话题进行问候。主要适用于非正式、熟人之间的交往。比如，"你去打印材料了""需要帮忙吗""辛苦了"等，来替代直接式问候。适合志愿服务团队内部或社区服务中，间接问候会有热络和亲切感。

三、寒暄礼仪

寒暄是见面后主动沟通、开启话题、融洽氛围的一种方式。

（一）寒暄的作用

寒暄的内容不必多么深入，时间也不必多长，寒暄就是一个铺垫，让接下来的沟通温度慢慢烘焙升温，有时寒暄就是一两句话，会比单刀直入更舒服一些，有时寒暄也是填补空白时间的一种方式。

（二）话题选择

寒暄的话题十分广泛，比如天气冷暖、美食特产、风土人情、时尚体育、新闻大事等，也可以是与当前工作相关的热点、案例、新闻等，但禁忌在寒暄中涉及政治、民族、宗教、隐私等话题，寒暄的内容应该是公开、轻松、有趣的，这样才能够在宽松的氛围中愉快进行。

（三）寒暄的禁忌

1. 忌单向话题

寒暄所选择的话题应该是双方都感兴趣的内容，而不是一个人滔滔不绝地炫耀或是表现，寒暄的目的是在场人都能够融合进来，而非一个人的舞台。

2. 忌刨根问底

寒暄就是轻松的聊天，有些话题也只是点到为止，寒暄不能太长时间，也不能太过深入，还是应该以具体的沟通为重点，寒暄终究只是铺垫。另外，刨根问底是让人不舒服的一种方式，如果想说对方一定会主动说，如果对方不想说，再追着问就难免惹人嫌了。

3. 忌低俗不雅

寒暄是轻松的，但不是粗陋的；寒暄可以通俗，但不可以低俗。

4. 忌涉及对方隐私

年龄、婚否、收入、健康、宗教、财产……这些都属于个人隐私，不太适合询问，有些甚至是雷区，有些经历是很私人化的，公开讨论会让人非常难堪。

总之，寒暄的目的是拉近彼此间的距离，基于这样一个前提的寒暄就会多一分和谐、多一分理解、多一分支持。

第2节 志愿服务中的礼貌用语

孟子曰："爱人者，人恒爱之；敬人者，人恒敬之。"

中国具有五千年文明史，素有"礼仪之邦"之称，中国人也以其彬彬有礼的风貌而著称于世。礼仪文明作为中国传统文化的一个重要组成部分，对中国社会历史发展起了广泛深远的影响，其内容十分丰富。礼貌用语作为一种有声的文化延续，在我们的生活和工作中起到了重要的作用，礼貌用语体现了对他人的尊敬、重视、关怀和真诚。

1983年，英国著名学者杰弗里·利奇在《语用学原则》一书中阐述了礼貌对语言交际的重要作用。他首次提出礼貌原则，并把礼貌原则分为六大类，每类包括一条准则和两条次准则。

得体准则：最小限度地使别人受损，最大限度地使别人得益。

慷慨准则：最小限度地使自己得益，最大限度地使自己受损。

赞誉准则：最小限度地贬低别人，最大限度地赞誉别人。

谦逊准则：最小限度地赞誉自己，最大限度地贬低自己。

一致准则：使对话双方的分歧减至最小限度，使对话双方的一致增至最大限度。

同情准则：使对话双方的反感减至最小限度，使对话双方的同情增至最大限度。

在志愿服务中礼貌用语的得体使用正是为了体现为人的谦逊和同理心，体现对他人的尊敬、尊重和利益化，也是为了体现和谐一致。随着时代的发展和变化，礼貌用语的表现形势也产生了变化，但其内核却从未改变。

一、礼貌用语的含义

请：表示对人的尊敬。如"请教""请示""请原谅""请帮忙"等，当然也包含请求之意。比如在志愿服务中指引时会说"请""请向前走""请进""请左转"等。

"请教"一般是对不懂、不会或不明白的问题，用以请求对方指教。"请问"是请求对方解答问题的敬词，是"问"的礼貌说法。

贵：作为敬词用以指称与对方有关的事物。如"贵校"是指对方所在学校；"贵庚"是指对方的年龄；"贵姓"是询问对方姓氏的尊敬说法。当对方问"贵姓"时，常常回答"免贵姓……"这样的回应比较谦逊。

祝：向对方表示良好愿望的词。如"祝愿""祝福""恭祝"等。在赛事志愿活动中，我们常常会向运动员表示祝贺。

烦：有劳、相烦他人的敬词。发送线上消息时会用到这个字，如"烦您相告""烦您转达"等，口语中则多用"麻烦您"，比如"麻烦您，在这里签个字"等。

谢：对别人的好意表示感谢，是志愿活动中最常用的表示谢意的词。一个会说"谢谢"的人一定有一颗温暖、懂感恩的心，它不仅仅是一个字词，而是一种心态的体现。它的使用范围较广，应用时并不局限于有具体的感谢内容。

在不同场合、条件下使用"谢谢"，往往表达不同的内涵。当他人对自己提供帮助，解决了困难，为自己花费了时间、精力，会说"谢谢"表示谢意。有时别人并未施予具体帮助，而只是表达出一种关心理解，使自己心灵上得到慰藉，也常常回以"谢谢"，表示心意。"谢谢"也用作结束语，比如汇报完毕或是工作结束，会说一声"谢谢大家"。在请他人协助时，也会提前说"谢谢"，以赢得支持，比如"谢谢大家的耐心等待""谢谢大家的支持"等。

费心：以事烦人或致谢的客套话。本指耗费心神，后多用作托人办事，请对方予以关照的客气说法。比如"让您费心了"等。

效劳：即尽力服务。表示愿为对方提供帮助，替对方尽力的谦词。志愿服务时，一句"很乐意为您效劳"，体现了服务的精神。

打扰：受人招待或请人帮助时表达谢意和表达歉意的词。比如两人正在交谈，而我们需要打断对方，就需要说一句"打扰一下，这里需要您签个字"。一句"打扰"会让被打扰的心情获得安抚。

对不起：服务场合多用于表达歉意的用语。表示无意中对人稍有冒犯，如"对不起，给您添麻烦了""对不起，让您久等了"，这样的语言表达方式非常具有同理心，一个能说"对不起"的人，也一定具有换位思考能力。

二、礼貌用语的应用

常说的礼貌用语是"您好""请""对不起""谢谢""再见"，在志愿服务中根据场景还会拓展增加，比如"麻烦您""打扰一下""请多关照""拜托"等。礼貌用语不是几个单纯的字词，而要配合志愿服务工作进行具体运用。

（一）日常用语

（1）见面语："早上好""下午好""晚上好""您好""很高兴认识您""请多指教""请多关照"等。

（2）感谢语："谢谢""劳驾了""让您费心了""感谢您的帮助"等。

（3）请托语："拜托了""麻烦您"等。

（4）致歉语："对不起""请原谅""很抱歉""请稍等""麻烦""请多包涵"等。

（5）回应语："别客气""不客气""不用谢""没关系""请不要放在心上""这是我应该做的"等。

（6）告别语："再见""希望有机会再次为您服务""请慢走""祝您一路顺风"等。

（二）工作用语

1. 电话用语

"您好！这里是××单位××部门，请问您找谁？"

"我就是，请问您是哪位？"

"请问您有什么事？"

"您放心，我会尽力做好这件事。"

"不用谢，这是我们应该做的。"

"对不起，这件事情由××负责，他们的电话号码是……"

"您好！请问您是××单位××吗？"

"我是××单位××，请问怎样称呼您？"

"请帮我找××同志好吗？"

2. 接待用语

"您好，请进！"

"您好！请问……"

"女士（先生）您好，请问您找谁？"

"他（她）不在，请问有事需要转告吗？"

"对不起，让您久等了。"

"请坐。"

"请稍等，我马上为您办理。"

"对不起，打扰您一下。"

"对不起，这个问题……请留下您的联系电话，我们尽快给您回复。"

"不客气，请慢走。"

礼貌用语看似只是将日常沟通的语言加了一两个字，实则是增加了沉甸甸的素养，让我们更懂得体谅、尊重，更具有换位思考能力，更重视感恩，这就是礼貌用语的魅力。唯有从点滴小事做起，我们才能让文明在全社会蔚然成风，文明才能真正成为一种感染力、凝聚力、推动力，进而升华为一张城市的名片、一种国家的形象、一种民族的精神。

第3节　让人愿意听的说明与讲解

语言表达是人与人之间进行交流互动所必需的一个重要工具。同时也是志愿者服务的一种技术，但不是每个人都能够将语言的艺术发挥出来。志愿服务需要能够敏锐地洞察身边的人和事物，并且一语中的、举重若轻、删繁就简、入木三分地表达自己的观点。

朱元璋曾经让大臣们积极提建议，朱元璋说，大家有什么好的点子尽管说，尽管写奏折，朕一定会看。古代很多文臣都有个特点，那就是说话引经据典，一句话能拉成五句那么长，这让朱元璋头疼不已。

1376年，明朝的刑部侍郎茹太素上了一道长达17000字的奏折，朱元璋瞄到奏折的署名就开始惯性头痛了，朱元璋看花了眼，他叫中书郎王敏念奏折，自己一边揉额头一边听。哪知道御书房的香都烧了大半，王敏还在那里念啊念，仿佛没有尽头。念了三分之一，还不知道要表达什么。

朱元璋实在受不了，当场把茹太素狠狠地打了一顿。

第二天，朱元璋让接着念，一直到最后的500字，才见茹太素提出了5条建议，这些建议具有一定的前瞻性和可操作性，朱元璋不计前嫌，采纳了其中4条。

事后，朱元璋苦笑说，当大臣不容易，其实当皇帝也不容易啊，我需要的是接地气、解难题的建议，明明500字就能说清楚，茹太素偏偏要说一堆没用的，简直是浪费时间。有了茹太素的例子在前，朱元璋的警告在后，此后朝中大臣们都学聪明了，写奏折不敢再使劲掉书袋，只挑重要的讲。为了杜绝说废话的情况，朱元璋还下令让中书省制定条例，对奏折的字数、格式都作出了规定。

如果说沉默是金，那么对于志愿者来说，良好的语言表达能力就是钻石，语言可以安抚他人、温暖他人，也能够赢得支持、争取合作，我们可以把语言表达能力当作人际交往的润滑剂。

志愿服务中，我们经常需要用语言做讲解、沟通、协调、说明，掌握技巧就非常必要。

一、表达技巧

（一）"结论先行"提高表达效率

巴巴拉·明托的金字塔原理是一项层次性、结构化的思考和沟通技术。在金字塔结构中，逻辑清晰的表达顺序是"结论先行"：就是一次表达只能有一个中心思想，而且表达时先提出此次表达的中心思想，再提出中心思想之下的具体思想。

具体表现为先总结后具体，先全局后细节，先结论后原因，先结果后过程。

先说结论再说理由是最易让人听懂的表达方式。如果先说为什么，可能一个"为什么"背后有若干隐藏结论，听的人会不明所以、不知重点。但如果先说结论，会让接下来的表达和倾听都心中有数，而且目标清晰。

一次，我的一位客户发微信给我："纪老师，您方便接电话吗？我想和您确认一下周三培训座位的安排事宜。"我马上回复："好哒。"这是非常清晰、有目标的沟通，为什么致电、沟通的目的是什么，我很清楚。

还有一个类似的事情。一位助理要和我沟通培训的前期准备工作，电话接通后，他先寒暄："纪老师忙吗？最近怎么样？工作顺利吗？我方便和您沟通一下吗？"那一瞬间，我浮想联翩，是需要我做什么事？那我应该忙还是不忙？如果不忙，会不会显得特别闲；如果忙，会不会耽误了他重要紧急的事情？"工作顺利吗"，是他听说什么了，还是最近有什么和培训相关不好的消息呢？反正我思绪万千，他问，我就"嗯嗯"。绕了一圈，最后他才问："纪老师，培训现场座位的摆放您有什么要求？"那一刻我如释重负。

高效的沟通一定要先说结论，比如服务中如果这样说就很清晰"您好，请出示一下身份证，我需要核对一下信息，谢谢"。而不是说"我需要核对信息……"

我们来对比一下，"结论先行"的表达方式与"碎片式"表达方式的不同（表6-1）。

表6-1 不同表达方式的对比

序号	碎片式表达	结论先行的表达
1	组长，物资有点不够，现在来的人已经很多了，还有一些物料在路上，刚才小王去二组帮忙了，我今天负责给居民发物资，我感觉有点忙不过来。咱们能不能让1号楼居民上午来，让二号楼居民下午来，这样我可以有序发放，下午物资也正好能到，而且居民不用排队太长时间	组长，我们可不可以今天按照楼号来发物资，上午一号楼，下午二号楼，因为有一部分物资下午才到。另外小王上午去二组帮忙了。如果上午发一栋楼，我一个人没问题，下午发另外一栋楼，正好物资也到了，而且居民不用排队太长时间
2	这样是不是有点高啊，这个角度不太好，我检查一下您的肩颈，我调整下椅背，这样比较舒服	我帮您调整一下椅背，接下来我给您检查一下肩颈，这样的角度比较舒服
3	太乱啦，这边是几个人啊，三三两两不行，都看不清楚了，大家排一下队	请大家排成一路纵队，三三两两站立，队伍不清晰，后面过来的人找不到队尾
4	因为今天人比较多，可能都集中在这个时段了，您再等一会儿，估计也快了，等个十分钟吧	麻烦您稍等一下，估计十分钟就能轮到。今天人有点多，可能都集中在这个时段了
5	我有点头疼，怎么搞的，昨天没睡好，不知道是不是外边有点吵，你听到了吗？今天上午你能替我一会儿吗，我下午替你的班，咱俩换一下	咱俩能换一下班吗？你上午去，我下午去。我有点头疼，不知道是不是昨天没睡好，晚上外边有点吵，你听到了吗
6	我的衣服弄脏了，啊，另一件洗了还没干，今天的活动必须穿会服？你有多余的衣服吗？我能借一下吗？我就穿一上午，下午我的就干了	你方便借一件会服给我穿一上午吗？今天的活动必须穿会服，我这件衣服脏了，另外一件洗了还没干，下午肯定就干了

续表

序号	碎片式表达	结论先行的表达
7	今天家里有人吗？你们一会出去吗？上午有事吗？我们去五单元挨家挨户做登记，大家配合一下，尽量家里留人	今天上午请大家尽量在家里留人，我们会去五单元挨家挨户做登记
8	一会儿颁奖有一个路线，我引导您走到那个位置，然后我会退回，您继续往前走，走到托盘礼仪的左侧。我和您走一次这个路线好吗	我和您一起走一次颁奖路线好吗？颁奖开始我会引导您到这个位置，然后我会退回，您继续往前走，走到托盘礼仪的左侧

（二）有逻辑的表达，理解更轻松

把话说得逻辑清晰，言简意赅地表达观点，是沟通的有力方式，而逻辑混乱、前言不搭后语，是沟通的致命伤。

在志愿服务中，你是否遇到过这样的情况。

你提出很多可行性的方案，但总是很难获得组长认可，一再被返工，工作被迫拖延。

汇报工作时，明明自己做了大量准备工作，但是汇报时别人没听懂你在说什么，导致自己的工作得不到认可。

向大家布置和安排工作时，感觉已经说得很详细了，但好像大家还是一头雾水，不知从何做起，反复来询问，反复来确认。

给服务对象讲解操作步骤，感觉自己苦口婆心、娓娓道来，但对方就是听不懂。

为什么出现这种情况？可能就是表达缺乏逻辑，不符合大脑的接收规律，以至于凌乱的信息难以被人理解。

表达逻辑就是将语言合理地组织起来，从而让人接受或认同。

1. 纵向逻辑

纵向逻辑的典型特点是"环环相扣"。也就说因为A，所以B；因为B，所以C。

比如，"物资发放需要有记录，发放要签名，准备几支笔。"因为"物资发放需要有记录"，所以"发放时要签名"；因为"发放时要签名"，所以"要准备几支笔"。

表达环环相扣，层层递进，形成一个完整的链条。

因为参会人员需要一进门就能看到指示，所以在大门口要有明显标志；因为两边都有电梯，所以要有专人在大堂指引方位。纵向逻辑清楚，会让倾听者心中有数，明明白白。

2. 横向逻辑

横向逻辑是并列项目，做到"无遗漏、不重复"。比如，一支颁奖礼仪队需要三支小分队，第一支队伍是嘉宾引导员，第二支队伍是运动员引导员，第三支队伍是托盘礼仪员。我们组建了一支颁奖礼仪队伍，并且建立三支小队，这三支小队都很重要，缺一不可，是并列关系。

颁奖礼仪队伍的训练包括颁奖素养、颁奖仪态、颁奖流线，这三项也是横向逻辑的表达。甚至在训练时也没有先后顺序，先了解颁奖流线，再进行仪态精雕细刻是可行的，先塑造颁奖素养再进行仪态训练也没问题。总之，这三项是并列关系，且在同一逻辑层面。

横向逻辑所罗列的要点不能在概念上有相互包含的上下关系，只能是平行的兄弟关系。所有排序要点必须处于同一个概念层次，原因与结果必须分开。纵向思维，每一步都必须正确无误；而横向思维则不必，只要结果正确就行。

二、回应礼仪

在志愿服务沟通过程中，不仅仅是单向输出"表达"，还有"回应"，回应会面临两种可能，也许观点一致，也许观点分歧。但及时回应是一种礼貌，也是一种尊重。

"收到请回复"，相信很多人都收到过这五个字，无论是群消息、邮件、信息等，有些人选择略过，有些人选择及时回复。在志愿服务时，应做到有询问、有表达，及时回应。

如果能够立刻准确回复，就清晰回应，如果遇到有些事情不能立刻给予准确的信息，那么也要回应"我查询／了解／确认后，回复您。"

遇到无须具体回复的内容，微笑、点头、倾听也是一种回应，有时甚至将对方的表达简要重复，也是很好的回应。

因此，有声语言是一种回应，注视、微笑、点头等无声肢体语言也是一种回应。小石子投进湖水，我们总是期待看到那一串串涟漪，事实上在交流中，每个人说话也希望得到回应。常常被误会的一个部分是，我们觉得未必认同，所以就不回应，事实上回应也分两种：针对回应和礼貌回应（表6-2）。针对回应是指针对内容给予具体的反馈性回应，礼貌回应是指尊重对方的表达权力，表达"我听到了"。

表6-2　针对回应和礼貌回应

表达	针对回应	礼貌回应
路上太堵了，早上8点出门，现在都9点了才到	8:30开始就特别堵车，早高峰很明显，你也可以早20分钟出门，或许就能避开拥堵	确实，早高峰很堵
你们的人员安排不合理啊，这边只有两个工作人员，那边有三个。我都等了20分钟了	我们这边也有三个工作人员，其中一位现在去协助卸货了，很快回来	很抱歉，让您久等了
我记得带了望远镜，我找找，怎么就找不到呢。我等会再进去。	您仔细回忆下，什么时候放进来的，一般放在哪个位置	好的，没问题
我女儿特别磨蹭，催她早点出来，她一出门就事多，你瞧出门就用了半个小时	是的，下次要早点出来，现在人就比较多了	别着急，很快的
旁边的工作人员特别温柔	确实是	微笑

礼貌回应礼貌吗？非常礼貌，因为有些时候对方的表达就是一种诉说，不需要解决，我们就可以用微笑、注视或是简单的字"哦""噢"，表明我在听即可。有些内容是无法参与的，也不适合做具体回复。

遇到他人发牢骚或自我发泄时，礼貌回应是身为志愿者应该做的，表达"我听到了"，但由于内容的特殊性，又不便做出具体回应，比如妈妈吐槽女儿太磨蹭，我们不适合加入这个话题，不了解具体情况，也不适合介入家庭内部。有时你若也跟着批评，妈妈可能反而会反击你无权批评。但有些语言是赞美、感谢或是建议等，我们就必须作出积极的回应。积极的回应有这样几种类型。

（一）感谢式回应

有人夸你工作认真、工作勤奋、做事情很专业，那么遇到这类夸奖，用感谢式回应就非常恰当。

"小伙子，你真棒！"

回应："谢谢您的认可。"

"你们特别认真。"

回应："谢谢您的夸奖。"

"你们很帅气！"

回应："谢谢您。"

有时，有些内容一时不知如何回应，说一句"谢谢您"也是很好的回应。

（二）解释式回应

如果对方提出问题，那么在明确知道答案的时候，清晰专业的回复是非常必要的，回应得越快越准确，服务的价值感越高。在做专业性回应的时候，要记得表达的结构，先说"结论"，如有必要再说"理由"。

（三）重复式回应

在需要确认信息时，我们需要做重复式回应，有时一个人的表达十分凌乱，或者是内容太多，那么就需要进行适当的重复式回应，目的是确认所接收到的信息就是对方想要传达的信息。并非对方说什么你就说什么，而是要分析对方的话语所表达的重点，说服对方或得到对方的进一步确认。

回应一："明天上午9点，按照您给我的名单发放物资，11点我就结束，立刻赶往会场，对吗？"

回应二："我和您确认一下，无论大家是否都准时到达，我只等到11点，然后就必须赶往会场。"

以同样的方式来与对方进行更深一层的交流，从而实现由盲区向公开区的转化。信息传递也能够更加清晰准确，避免漏掉信息或损失信息。

（四）支持式回应

这样的回应方式是为了传递态度上的支持、理解和接受。并不以给予具体方案和建议为目标，而是传达态度。

"昨天实在太累了,我大概站了 6 小时,你说说,这是怎么安排的。"

回应:"辛苦了,腿很疼吧。"

"方案改了 3 次了,还没通过,我昨天熬夜到两点,现在头疼得要炸了。"

回应:"太难了,方案要求高,时间又短。我能帮你什么吗?你一定能做好,只是这次时间紧,挺住,加油!"

(五)自谦式回应

自谦敬人是中国的传统礼貌,谦逊的人往往更容易在沟通中创造流畅感。

"哇,你太漂亮了。"

回应:"主要是这套颁奖服漂亮,把人衬托得好看。"

"你做得真好,特别专业。"

回应:"您过奖了。"

"你太厉害了,这么快就完成了。"

回应:"谢谢您的夸奖,我还得继续努力呢。"

(六)移位式回应

有时遇到对方夸赞你,自己又觉得受宠若惊,似乎有点夸大，很难坦然接受，那么也可以"移位式回应"，就是转移这个话题。

比如，对方夸你特别专业，你觉得自己刚刚学会，还有很大进步空间，那么就可以转移话题到对方身上。

"你的操作特别熟练，太专业了。"

回应："哪里哪里，是您特别配合，让我也表现得更好了，谢谢您。"

"这里太冷了。"

回应："阿姨，您到这边来。"

及时回应是一种礼貌，恰当回应是一种能力。积极的回应不仅能让对方感受到我们认真倾听的态度，也能让双方的信息更畅通，减少了彼此沟通中的"盲区"。

第4节 这样做，沟通才有意义

沟通是人与人之间、人与群体之间思想与感情的传递反馈过程，以求思想达成一致和感情的通畅。德鲁克说："一个人必须知道该说什么，一个人必须知道什么时候说，一个人必须知道对谁说,一个人必须知道怎么说。"因此,我们要学会沟通、善于沟通。沟通是信息的流动,不仅仅是说的技巧,还包括沟通的心态、沟通的角度、沟通时有意义的聆听。

一、沟通的心态

两个人的沟通,70%是情绪,30%是内容。情绪不对,沟通就不对;沟通不对,内容就会被扭曲。很多时候沟通出现了障碍,不是内容本身,而是传输信息和接收信息的人的心态不对导致的情绪问题。并非所有的事情都需要针锋相对、勇武必胜,针尖对麦芒从来都不是解决问题的心态。

(一)客观的角度

以己度人是很多人不由自主的想法,有时在别人身上看到的不是别人,而是自己。把自己的认知和想法推理成他人的想法,甚至总是从自己、片面的角度去倾听和理解,带着成见地倾听,也就失去了沟通的意义。

一个爱笑的人,目光所及之处都觉得好玩有趣;一个不爱笑的人,听相声也绷着脸;一个心胸宽广的人,觉得大家都很大方;一个斤斤计较的人,觉得每个人都很小气;一个经常耍心眼的人,觉得每个人都玩弄心术,处处算计;一个慢性子的人,觉得谁都不急……但在沟通中最需要克服的就是片面、主观的态度。

《列子·说符》里有一个疑邻盗斧的故事：从前有个乡下人，丢了一把斧子。他怀疑是邻居家的儿子偷去了，观察那个人走路的样子，像是偷斧子的，看那个人的脸色表情，也像是偷斧子的，听他的言谈话语，更像是偷斧子的。那个人的一言一行、一举一动，无不像偷斧子的。

后来，丢斧子的人在山谷里掘地时挖出了那把斧子，再留心察看邻居家的儿子，就觉得他走路的样子，他的脸色表情，他的言谈话语，都不像是偷斧子的人了。

这种以己度人，将自己的认知和感受投射到对方身上，以自己的标准来衡量他人的心理，就是心理学上典型的投射效应。我们在判断一些事情的时候，个人本身的情感变化经常会左右自己的理性判断，沟通中应以客观事实为基础来判断是非，客观的角度是沟通顺畅的基础。在沟通中，有些人会觉得自己思维敏捷能够洞察人心，知道别人是怎么想的，也知道别人想说什么，于是在沟通中，常常没有耐心听完他人的诉说，便开始了价值判断，并看似中立地给出各种建议，其实从一开始就已经陷入主观了。

因此，在沟通时，越客观越智慧，越对事不对人，结果也就越好。

（二）鼓励的心态

在生活中，经常会听到有人这样说：

"你在听我说话吗？"

"你能不能听完我的话再说。"

"我再说一句，你等一下。"

"你能不能不要插嘴，不要打断我的话……"

多么遗憾，很多时候，倾听的耐心越来越少。

倾听是对人的支持，也是一种宽容，更是一种积极的鼓励。倾听更是获得信息的有效途径。如果你一直在说，你就无法了解对方真正的想法，也就无法做出有效回应，而倾听才能让我们了解更多，因此，我们要允许别人说，接纳别人说，在沟通中做到"无倾听不沟通"。

倾听也是我们人际交往中最常被忽略的技能，同时也是比说还难的技能。倾听能让我们成为一个具有同理心的人。善倾听也是情商高的表现。

我们有两个耳朵只有一张嘴，由此可见，听是多么重要。"听君一席话，胜读十年书。"在倾听中有机会学到他人的经验，说与听是沟通的两大要素，但大家都急着说，却忽略了用心听，甚至越来越急躁地听。

积极主动的倾听才是有意义的倾听，我们需要通过听去了解对方更多的信息，倾听能够使沟通更明确、更有针对性，因此，首先要有积极主动的态度。

鸡尾酒会效应是指一种人的听力选择能力，在这种情况下，人的注意力会集中于某一个人的谈话而忽略背景中其他的对话或噪音。该效应揭示了人类听觉系统中神奇的能力，即"我们可以在噪声中谈话"。

鸡尾酒会效应是图形—背景现象的听觉版本。这里的"图形"是我们所注意或引起我们注意的声音，"背景"是其他声音。这是因为当人的听觉注意集中于某一事物时，意识会将一些无关的声音刺激排除在外，而无意识却始终在监察着外界的刺激，一旦有一些与自己有关的特殊刺激，就能立即引起注意。

该效应实际上是听觉系统的一种适应能力。

简单来说，就是我们的大脑对声音都进行了某种程度的判断，然后才决定听或不听。

举例来说，当我们和朋友在一个鸡尾酒会或某个喧闹场所谈话时，尽管周边的噪音很大，我们还是可以听到朋友说的内容。

如果在远处突然有人叫自己的名字时，我们会马上注意到。又比如，在周围交谈的语言都不是我们的母语时，我们可以注意到较远处以母语说出的话。

我们具有神奇的听觉选择能力，事实上，当我们改变了自己的倾听心态，所听也就更有价值了。

不是要你看到我在"倾听"，而是我真的在"倾听"。允许说，鼓励说，你说我在听，这就是高级的沟通心态。

二、倾听礼仪

著名的管理学著作《高效能人士的七个习惯》中讲到，高效顺畅的沟通始于准确的倾听。

按照不同的层次可以将倾听分为：充耳不闻、装模作样、选择性接收、聚精会神和移情倾听。如果能够做到有同理心和换位思考能力，就可以感同身受地了解说话者的情绪和目的，这就是移情倾听，也是真正有意义的倾听。优秀的倾听者是善于"删繁就简"的，这样可以及时把握对方的思路、思想，只有真正了解对方，倾听才有价值，充耳不闻，则失去了倾听的意义。

《礼记·曲礼上》中说："立不正方，不倾听。"倾听中的礼仪，就是倾听之道。

（一）注视

你看着对方，就能够呈现倾听的状态，对方就感受到你在听，如果你连眼皮都懒得抬，头也懒得转，自顾自忙碌，即使你在听，给对方的感觉也是怠慢的样子。

一个优秀的倾听者，首先要看对方，用眼睛给予他支持。最少看3~5秒。

（二）微笑

微笑不意味着赞同，微笑是一种支持者的态度，表达的是"我愿意听，我在听"。

微笑具有神奇的力量，能够给表达者极大的温暖和支持。你有没有过这样的体会，当你在说话时，如果有人表现出不耐烦，你很快就会大脑混乱，信心降低，总想快点结束。相反，如果你在表达时有人微笑着看你，你就会越说越流畅，越说越清晰。

因此在倾听时，微笑是一种鼓励。

（三）专注

所谓专注，是指在倾听的时候，不会做与之无关的事情，比如走来走去、转动椅子、玩转手中的笔、东张西望、吃东西、寻找资料、看手机……这些行为都是非常不尊重对方的表现。

美国心理学家艾根提出了 SOLER 理论，就是巧妙利用微小的肢体语言，让对方愿意对我们侃侃而谈，主动说出更多想法或理念。

（1）面向对方（Squarely）：站立或坐着时，都需要面向对方。可以尝试和对方肩并肩，呈现 V 型 45°，要侧面朝向对方，不让彼此感到压力。

（2）肢体开放（Opening Gesture）：展现出开放性的肢体动作，两手臂打开，双手自然放在身前，而不是把手臂交叉抱胸，或者把手藏在身后，要知道手臂交叉抱胸是非常明显的敌对或防御动作，两手交叉代表你不相信对方的话，甚至在警告对方，你可能随时进行攻击。

（3）身体微倾（Leaning Forward）：在聆听的时候，把上半身微微往对方方向倾斜，这种投入的动作，让对方觉得你在乎他所说的，也让对方认为你对这次对话感兴趣。

（4）眼神接触（Eye Contact）：双眼适当注视对方，眼神接触，让对方可以直接感受到你的投入、专注。

（5）肢体放松（Relax）：让自己的肢体和表情处于放松状态，不要急躁，当你放松，别人自然放松，从而更愿意把自己的想法毫无保留地说给你听。

专注是可以看出来，也可以感受到的，包括看向对方，保持眼神接触，身体适当前倾，肢体语言松弛且开放，不做与之无关的事情。

（四）点头

当对方讲到兴奋之处，或特别需要认同时，无声的肢体语言"点头"是非常巧妙的回应，恰到好处，同时在沟通中也行云流水，不打断对方的表达，又给予了一种反馈。

沟通是双向的，表达也是需要有反馈的。点头就是肢体语言在沟通中的妙用，适当的点头会让交流的节奏更流畅。

听，不是呆板地听，而是有反馈地听。

（五）回应

志愿服务中交流的目的是达成一致想法，或是就某个事项沟通，因此，倾听后需要给予回应。

《孔子家语》记载：孔子在陈国和蔡国之间的地方受困缺粮，饭菜全无，七天粒米未进，体力不支，白天也只能躺着休息。颜回好不容易讨来一些米，回来后就煮起了饭，快要熟了。此时，孔子却看见颜回用手抓锅里的饭吃。

一会儿，饭熟了，颜回请孔子吃饭。孔子假装没看见刚才他抓饭吃的事，起身说："我刚才梦见了先父，这饭很干净，我用它先祭过父亲再吃吧。"（用过的饭是不能祭奠的，否则就是对先人不尊重。）

颜回回答道："使不得！刚才煮饭的时候，有点炭灰掉进了锅里，弄脏了米饭，丢掉不好，我就抓起来吃掉了。"

孔子叹息道："人应该相信自己的眼睛，但即便是眼睛看到的仍不一定可信；人依靠的是心，可是自己的心有时也依靠不住。学生们记住，了解一个人是多么不容易呀。"

有些时候，倾听能化解误会，能让我们了解事情的本来面目。

倾听是理解的基础，是解决问题的关键。《史记》曰："言能听，道乃进"。认真倾听，才能有所得。

第七章
数字时代,线上志愿服务也有礼

第1节　线上服务礼仪精神

这个世界正在被数字化改变。21世纪是数字时代，信息通信技术互联网的发展，我们可以感受信息时代的迅速变化，以及互联网的技术不断改变我们的生活方式和工作方式。同时也让志愿服务有了更多的工作空间，为志愿精神的培育提供了更深的内涵。

互联网搭建的数据库和资料库拓宽了志愿服务的服务渠道，也使更多拥有熟练互联网技术的人，有了从事志愿活动的实践空间，同时互联网上的志愿服务也没有对身体条件等有限制，能够让更多心怀大爱的人参与进来，拥有了更强大的包容力和可能性。

在线志愿服务不需要面对面交流，也少了彼此的接触，看上去似乎变得更机械、更简单，事实上互联网的志愿服务也包括两个部分，一部分是以互联网为志愿服务平台，另一部分是我们所从事的志愿服务有一部分工作也需要在线完成，具有双向互动。本节着重分享的是在线志愿服务的礼仪精神。

一、服务更及时

这是一个快节奏时代。记得小时候上学每天要写日记，好像这是基本功，也是一种习惯，而现在网上有个题目是"用一句话描述你的今天"，一天用一言以蔽之。我们的生活信息铺天盖地，职场日新月异，科技更是飞速发展，那种"来不及"的感觉时时萌生，感叹这种"快"让我们追逐奔跑，但我们必须适应。

以前似乎"三天内给你答复"，是一句没问题的回应。而现在需要的服务精神是"我马上帮您查询，请稍等"。一分钟查询完毕，回复之前还需要说一句"很抱歉，让您久等了"。服务也是需要这样的应变，适应时代的变化和人们的需求，不能因是"志愿服务"而降低品质。

尤其是在线服务更需要及时，公众号的留言看到就要快速回复，即使无法立刻答复，也需要这样回复"我已经看到您的问题，确认后我联系您"。也许做出的不是准确答复，但及时回应非常必要，让对方感到被重视。特别要注意的一件事情是在线服务往往具有更大的影响力，似乎是一个人在询问，但其实在线的人都在围观服务效率和服务态度，因此，在线服务速度一定要快速及时。

原则一：有明确答复的问询，要快速简明扼要地回应。服务的速度能够决定服务效果，等待时间越长越焦虑，心态也会发生变化，这种变化有时就不仅仅是"咨询"本身，还会联想到服务态度、服务流程等。

原则二：暂时不明确答案的问询，要先给予"已经看到了"的回应。让对方知道，我看到了，我在想办法，我在协调，我在沟通。这样可以让对方感到踏实，也体现了负责任的态度。

要知道，在线等待，由于没有直观的视觉接触，多了一分茫然感，对时间会更加敏感，线上 1 分钟等待几乎等同于线下 5 分钟等待。在线下能够看到志愿者的工作状态，等待的时候其实心里有预期，也有信心。线上则不同，不知道在不在线，不知道在做什么，因此线上服务的及时性就对服务质量有重要的影响，也是提高服务效能的关键。

二、服务更亲切

无法见面，那么就用网络语言来更加真诚地体现服务的亲切感。

网络语言是从网络中产生或应用于网络交流的一种语言，包括中英文字母、标点、符号、拼音、图标和文字等多种组合。这种组合，往往在特定的网络媒介传播中表达特殊的意义。在志愿服务工作中可以保持严肃又活泼的风格，比如一个字"好"就是严肃、肯定的回应，"好的"这个词给人的感觉是底气十足，"好的呢"这种回复就有点小清新的味道，"好哒"就仿佛多了一些愉悦的情绪。多一些幽默也会增加服务工作的亲切感。

2021年6月,"河南疾控神回复"的话题迅速冲向热搜,有网友在评论区留言"打完新冠疫苗后发胖算后遗症吗?"小编则幽默回复:"我感觉您这不是胖,是对生活过敏造成的肿胀。"引发了网友的广泛好评。在"河南疾控"的微信公众号上,小编与网友互动的"名场面"引发了大批网友"围观",发布疫苗科普的留言区被"顶"上热搜,网友们纷纷直呼"看评论仿佛听相声"。没有专业晦涩的医疗术语,没有一板一眼的"耳提面命","河南疾控"用诙谐幽默的机智回答,缓解了网友的担心疑虑,粉碎了网传的不实谣言,引导了公众的正确认知。

在志愿服务工作中,网络用语可以有一些清新的语气词,可以有一些柔软的语气,让服务变得更贴心。

宁波市海曙区统计局的一条回复就非常具有"见字如面"的亲切感。他们发布了图文并茂的文章,网友评论"图片很精美",小编回复"是我们局里一个小姑娘做的,棒棒哒"。你瞧"棒棒哒"就非常生动,竟然出现在了政务工作平台上,你完全不觉得违和,反而很亲切。好多人都说,运营政务微信好难呀!因为你需要既官方又符合网络调性,既严肃又活泼。

事实上做志愿服务工作也是一样,我们的志愿工作者有非常多年轻人,熟悉网络文化,并具有敏锐的网络用语分辨能力,恰当地使用可以拉近彼此关系,这不就是非常有亲和力的服务吗?

那么如何更具有亲切感呢？我们可以看看这些例子（表7-1）。

表7-1 一般回复与亲切回复

咨询内容	一般回复	亲切回复	亲切感技巧
我们几点能够看到	我查询一下	我马上为您查询一下	体现速度、体现专属感
太慢了	我们需要按照顺序进行	理解您的心情，我们会尽快完成	体现同理心
有人吗	请问有什么事	在呢，请问您有什么事	体现在线效率
谁能帮我解释一下吗	您对哪个部分不了解	来啦来啦，我来帮您，您具体指哪个部分	体现积极的工作精神

这些语言其实在现实生活中我们不太容易说出来，但在线上服务，把词语叠加"来啦来啦"，感觉我是一路小跑过来的，颇有些可爱又很积极。

在线志愿服务中强调的是服务的亲切感，而不能滥用网络简语，并且要适应服务对象，也要切合服务的主题。

三、服务更温暖

史蒂芬·柯维在《高效能人士的七个习惯》一书中指出："你必须把每一次人际交往都看成是在他人情感账户内存款的一次机会。情感账户是对于人际关系中相互信任的一种比喻。我们将人际关系中的相互作用，比喻为银行中的存款与取款。存款可以建立关系，修复关系。取款使得人们的关系变得疏远。"

在每一个人际关系中，你能控制的只有自己的存款和取款。

事实上，在彼此交往中，你不是做存款的事情，就是做取款的事情（表7-2）。志愿服务过程也是一样，你每一次更有责任感、更积极的服务都是在为"志愿服务形象"做储蓄。

表7-2　人际交往中的"存款"和"取款"

项目	账户
你及时回复	存款
你针对性回应	存款
你语言亲切有趣	存款
你发言有同理心	存款
你搪塞推诿	取款
你空洞回应	取款
你迟迟不现身	取款

带着爱来做志愿服务，带着热情来做志愿服务，带着信念来做志愿服务，就需要把这种美好的精神体现在服务智慧中。

志愿者是无偿地去做奉献，传播正能量，将自己的奉献精神传达在每个需要帮助的人身边。支教、公益宣传、社区环保、关爱特殊人群、防疫、救灾、救援、扶贫济困……志愿服务就在我们生活中，每个人都可以成为志愿者，但做志愿工作不是一时兴起，而是需要具有强烈的责任感，也更需要暖人的爱心，并且在线服务更需要多一些思考、多一些技巧。

2022年10月北京市顺义区社区教育中心家校社共育咨询室正式试点运行,为有需求的家长们提供咨询服务。2023年3月至12月,计划面向全区家长,每周安排1次线上线下团体咨询、4次个性化咨询和24小时文字答疑活动,全部活动在微信公众号"顺义家长在线"上实现预约、咨询和反馈。顺义区社区教育中心招募有服务意愿、有专业知识、有实践经验的志愿者入驻家校社共育咨询室,首批39名志愿者已就位。

服务内容包括"学前主要是入园适应、孩子的能力培养问题,小学主要是入学适应和习惯养成、亲子沟通方面的问题,再稍微大些的孩子面临的可能是手机使用、时间分配、青春期的变化等诸多问题",这是很多家长的困惑,也非常渴望能在志愿服务中获得理解、支持和帮助。

广东省韶关市仁化县的"菜单式"志愿服务也深得民心,开创了新时代文明实践志愿服务新的工作模式。通过搭建线上文明实践云平台,设置志愿服务点单板块,实现点单、派单、接单、评单同步线上完成,群众可随时随地通过手机客户端选择需要的服务项目,由群众填写"微心愿",或将自身需求告知村、社区工作人员通过实践站"点单",再由新时代文明实践中心或相关机构、站点"派单",志愿者选择就近在线"接单"参与志愿服务活动,群众再结合志愿服务效果"评单",让志愿服务的温暖触手可及。

志愿服务的内容随着时代的发展不断变化，服务方式也相应发生了很多改变，线上的志愿服务项目也越来越多，带着爱心去进行线上交流和服务，相信这是非常有意义的事。

因此在线上服务过程中，要将心比心、换位思考。用一颗爱心去赢得微笑，用一个微笑面对生活。

第2节　线上通知公告礼仪

互联网为志愿服务提供了便捷高效的信息沟通方式，志愿者需要通过信息平台接收通知，同时也会向相关服务对象发布通知，具有通知接收和反馈的双向流动性。通知的数量和篇幅也随着发布载体的改变而发生了改变，手机中经常会有消息提醒，志愿者在服务工作中也会经常发出通知，由于发布数量增多，发布人身份不同，有时发布通知的格式数量以及文字规范会出现参差不齐的状态，因此需要在快速编辑与接收中掌握必要规范，呈现出志愿服务工作的高质量。

通知是向特定受文对象告知或转达有关事项或文件，让对象知道或执行的公文。在真实的工作场景中有书面通知和口头通知，会有相应的规范，但线上志愿服务中的很多通知方式其实是两种通知的结合体，比如，微信群的群通知和群公告、腾讯会议的公告等，尽管以不同载体呈现，但也会有约定俗成的规则，将其规范下来，提高志愿服务质量就显得尤为必要。

一、发布通知应完整

在微信群中发通知，似乎让我们可以随性发挥，因为微信混合了我们的生活和工作，我们既使用微信和家人朋友进行网络社交活动，同时志愿者有自己的组织群，也有服务群，因此在进行一些事项通知时就会忽略自己身为志愿者的服务属性。通知内容有时会一条条发出，有时也会没有称呼，有时又会反复补充，给接收信息造成困扰，也影响了志愿服务形象。

完整的线上通知应该具有这样的结构。

（一）称呼

在线发布通知，也要如同真实生活中的沟通，先称呼对方再进行沟通。比如，各位居民朋友、市民朋友、各位业主朋友、亲爱的邻居们、亲爱的志愿者们……称呼既可以非常文雅规范，也可以具有网络特色，视通知的内容及发布者的身份而定。如果群内有身份不同的通知对象，遵循"先尊长、先负责"的原则，称呼时按照尊敬尊长、尊重该群负责人或事项负责人的原则，比如赛会志愿者的组织群通知，就会出现"各位队长及亲爱的队员们，大家好"，同时要使用尊称，让群内的人感到被尊重。

（二）介绍

介绍自己或该通知的发布单位，转发上级通知，需要介绍上级单位，作为某个事项负责人发布通知需要介绍自己。比如在负责全国十四运颁奖礼仪志愿者培训工作时，我发通知时就需要介绍一下自己的身份，"亲爱的颁奖礼仪小姐姐们，大家好，我是颁奖礼仪指导纪亚飞，请大家明天早上 8 点在会议室集合。"清晰的身份介绍有助于增加大家对通知内容的重视度和信赖感。

（三）内容

线上通知需要简明扼要，符合人们的阅读习惯，因此不适合较长篇幅，内容包括什么时间、有什么事情、有什么要求即可。

尼葛洛庞帝在《数字化生存》中说："简洁是 E-mail 的灵魂。"人们阅读线上通知时，大多数是使用手机，不便于较长篇幅的阅读，在这个快节奏时代，人们的耐心也在降低，因此如果能够做到通知内容言简意赅、准确清晰就更容易被阅读、被执行、被支持，同时要保证一次发布即清晰明了，此外通知内容需要有逻辑地说清楚，在发布群通知时，如果有必要，可以采用"1、2、3"或"第一、第二、第三"等逻辑清晰的词汇分段。一个冗长的通知或者是多条发出的通知，容易使人忽略其中部分信息，也有可能迅速被某些回复覆盖掉，因此，能够一次完整发出就显得非常必要。

比如，在 2022 年疫情防控阶段，一位社区志愿者在小区业主群发布的群通知就比较规范、完整、清晰。

@所有人 亲爱的邻居们早上好，我是本单元的志愿者刘伟，也是大家的邻居。按照最新防疫要求，为不影响学生周一正常返校上课，请学生于本周六完成一次核酸检测。周日上午将统一填报健康卡，确保周一进校园均 48 小时以内阴性。让我们齐心协力，守住校园疫情防控的底线！

1. 明天早上 7 点会为学生开放核酸检测专场，地点在小区东门，有学生专队。

2. 成人建议 8 点后下楼检测，确有特殊情况也可 7 点下楼检测，不与学生混排，有成人检测队列。

请大家按要求在规定时间让孩子完成核酸检测。确保师生、家长身体健康，遏制疫情传播风险。

感谢大家的支持与配合，防控疫情、众志成城！

2022 年 9 月 16 日

（四）感谢

群通知不同于正式"通知"文件，在网络载体中由于不能面对面，更需要"感谢"来增加大家的支持和群凝聚力。

一句感谢背后其实体现了真诚的服务心态和专业的服务能力，同时也在群内建立了可信度。比如"感谢大家的支持""感谢大家的理解"等，一句感谢拉近了彼此的距离。

如果是比较重要的事情，可在结尾处注明："收到请回复，谢谢！"并且可以在通知发出后，做好一个"群接龙"小程序方便大家回复。如果是转发相关通知，结尾可以加上"望周知，谢谢"，显得既正式又有礼貌。

二、发布通知讲究礼貌

（一）礼貌用语

由于只能见字，不能见面，在发布群通知时，就需要礼貌用语来传递面对面时的友善表情、温和语气以及客观态度，比如，"请"字就传递了一个人说话时友善谦和的态度，能够说"请"不就体现了礼仪的尊重精神吗？在群通知中如果使用"抱歉"这样的礼貌用语，就让大家感受到了换位思考和彼此体谅的心态。在一些救灾现场，由于交通原因物资晚到，发通知时说一句："很抱歉，由于交通原因物资晚到，辛苦大家坚持一下，物资抵达我们会迅速发放。"这样的通知就会让大家心里更舒服一些。

（二）表情符号

在发群通知的时候要慎用表情符号，爱心、拥抱、笑脸等大家常用的表情，在群通知中使用需要恰如其分。

在微信中，一共有 300 多个 Emoji 表情，我们经常使用的表情包的英文词是 Emoji，来自日语字符 e（图像），mo（表达式）和 ji（字母）。最原始的表情包是日本界面设计师栗田成高设计的，1999 年他为日本移动运营商 NTT Docomo 设计了 176 个表情包，包括十二生肖、心脏和天气等。受漫画启发的最早表情包人物面孔仅由眼睛和嘴巴组成。一开始仅在亚洲使用。直到十多年后，才开始在全球流行。现在，光是符号，就已有近3300种表情包。微信表情有微笑、撇嘴、发呆、得意、流泪、害羞、闭嘴、大哭、尴尬、发怒、调皮……这些表情都有自己的含义，但有时候系统给出的表情含义和大家理解的含义并不一样，例如"微笑"，系统的意思是礼貌的微笑，但是年轻人理解却是"呵呵"，带有嘲讽的意思。这个具有"杀伤力"的微笑，似乎被一代网民视为"最不友好"的表情。尽管这个表情最初是为了表达愉悦或开心，但实际使用中，微笑渐渐变成了一个具有隐晦含义的表情。长辈们对微笑表情的定义似乎与官方定义重合，然而对于很多年轻人来说，看到微笑表情仿佛有敷衍、嘲笑等让人感觉不悦的情绪在里面。

在志愿服务工作时，回复消息想要使用表情包来强调某种情绪，如果不确定它的含义，可以在微信表情中"长按表情"，就能查看该表情的大图和具体意思。

尽管官方有对每个表情的解读，但实际生活中却又有很多更复杂的含义。比如"笑哭"这个表情就是年轻人经常使用的表情，似乎使用这个表情可以让沟通的氛围变得温和有趣。"笑着笑着就哭了"，是笑出了眼泪也是笑中带泪，作为最热门的Emoji表情之一，表情丰富的含义仿佛都包含在那眼泪里了。但很多年长者看到之后就会认为有事发生，往往会追问一句"怎么了"。

因此，发布线上群通知时尽量少使用表情包，它常常被放置在不同的位置会被引发不同的解读，面对不同人群也会有不同的理解，群通知基于线上特色可以轻松亲切，但也要恰如其分。

三、接收通知需要回应

在现实生活中我们进行沟通都需要回应，不管对方是用点头还是语言，你都能知道他是否听到，那么网络通知也是一样的道理，发布者需要知道是否真正通知到人，确保已知。因为很多沟通工具具有"免打扰""隐藏群消息"等功能，这就使通知发布方无法确知是否已经被通知到。

原则上，看到群通知，只要与自己有关就应回复"收到，谢谢"或者完整回复相关内容。这是通知发出的意义，也是阅读者的责任。有些不用回复的通知，比如结尾有"免回复"那么就阅读了解，不用回复。

正如在现实生活中人们"入乡随俗"一样，只要进入网络，我们也应该按网络的"方式"行事，与人友好相处，这是起码的道德要求。无论是否见面，保持对志愿服务工作的规范都是让志愿服务更被信赖的前提，发布通知和回复通知遵守相关礼仪是一种基本素养。

第3节　线上会议礼仪规范

互联网给我们的生活和工作提供了巨大的便利，各种会议APP以及小程序的出现与发展，让会议有了更多的召开形式，2020年新冠疫情在全球蔓延，也使线上会议成了志愿服务的一种常见工作形式。一部手机、一台电脑就可以开会，线上会议能够节约成本、提高效率、随时进行，这些优势都显而易见。"见屏如面"的远程视频会议变得日益高频化、常态化，因此志愿者掌握常识性的礼仪知识，有助于线上交流更加高效有序地进行。

"一封邮件就能落实全部内容。"

"明明15分钟就能结束却拖拖拉拉1小时。"

"一会儿没声音，一会儿没图像，直接把内容发到群里讨论一下得了。"

"黑屏5分钟，真让人崩溃。"

"开会前不能熟悉一下软件？"

"这就是一场无效会议吧，准时进入只有几个人，好多人竟然找不到入口。"

"找不到静音键,我真服了,一群人都说话,啥也听不清。"

这些吐槽很真实,展现了线上会议普及之后在线会议实施的慌乱。线上会议的目的是高效,但实现真正的高效却需要为此做合理的规划、组织及跟进。

一、有条有理组织会议

会议 APP 需要提前下载、设备需要提前熟悉、人员需要提前通知、会议流程需要拟定,一场真正有效的会议需要有条有理地进行组织。

让我们来看一下组织会议五大步骤。

(一)目标清晰

无论是志愿服务团队内部会议,还是与服务对象共同召开的会议,都需要有目标,清晰明确的会议目标会让所有人围绕着这一个目标去行动,有目标才能够确保会议不跑题,会议讨论有价值,会议时间有保证。

(二)充分准备

所谓充分准备并不是要花多大精力,花费多少财力物力,而是从意识层面就有"充分准备"。一场成功的线上会议,也可能准备时间就是 30 分钟或者更短时间,但有了准备,就可以避免失误。

如果是和服务对象进行的会议更需要做好准备,体现志愿服务的专业性。

准备事项包括：设备、人员、内容。

1. 设备

根据会议内容的需求，设备包括：手机、电脑、灯光、耳机、话筒等。比如，我在与赛会颁奖礼仪志愿者召开视频会议的时候，就需要准备两部手机、灯光和话筒，有时因为颁奖场地的调整，需要相应调整颁奖流程，我在做远程指导时需要进行示范，灯光和话筒的重要性就不言而喻，我要站立、走动、转身示范流程，必须佩戴话筒，以确保声音质量。

2. 人员

人员准备则包括会议召集人、会议主持人、会议发言人和参会人员等，当然，由于会议内容不同，也可能这些身份就是一个人，但知道自己具有多种身份，即使是一个人也需要为这几个身份在会议中承担的责任做好相应准备，比如可能既是会议发言人，也是会议流程的主持人，还是会议的召集者，那么稿件也需要分别准备。

3. 内容

内容准备则需要包括会议通知、会议流程表、会议主持词、会议发言稿、会议时间管理表等。或许每个内容短小精悍，但有准备才能够高效。特别要注意的是会议组织者至少提前一天将详细的议程发送给与会者，内容应包括时间、主题、嘉宾、会议流程、视频软件名称（含登录方式）等，有助于参会人员会前做好准备。

（三）流程合理

会议前必须制订会议议程，并且每项议程都有完成时间，虽然不用见面，没有路途奔波，但要充分尊重每位参会人员的时间，避免会议无效率地拖沓，每项议程包括主题、完成时间、负责人，以确保这一议题非常必要，又能够保证质量地完成。

（四）高效组织

高效的会议组织对会议主持人是具有较高要求的，从会前的暖场介绍到会议议程的有序执行，从会议开始的主题推进到整个会议的时间管理，都需要有经验、有能力的人完成。

视频会议就像真正的会议或社交活动一样，不可能在没有介绍两个素不相识的人之前就开始交谈。同样的做法也适用于虚拟会议，线上会议因其"只闻其声、只见影像"的特点，一定要提前10分钟开启会议通道，以便大家互相了解。如果进入会议直接开会，可能大家都不知道到底有哪些人参会，也会对提出工作的合理建议造成困扰，不知道该不该说，不知道相关人员是否在场，不知道自己是不是有团队等，善用会前时间有助于提升团队关系。每次在参会人员进入时做一下必要的欢迎，比如"欢迎李娜进入会议室""欢迎网球场志愿者王菲进入会议室"等。主持人要确保在会议开始就介绍主要参会人员。

线上会议主持人有责任控制流程和时间，避免发言超时、避免讨论跑题、避免弄错了事情的轻重缓急，要严格按照流程表进行，如果大家意犹未尽或者讨论热烈，可以在规定议题进行完毕再组织大家继续讨论。

主持会议的一般规则是：

会议开始前，先于其他人进入虚拟会议室，并协助大家调试设备。

会议开始时，引见各位参会者，介绍会议相关内容，并公布注意事项及要求、规则。

会议进行中，引导与会者按照既定流程逐项推进，并掌控每位与会者的发言进度，保证会议按时开始和结束，切勿拖沓超时。

会议结束时，进行简单总结，向与会者表示感谢，宣布会议结束，并等到所有人离开虚拟会议后再关闭视频程序。因为主持人先离开会议就像主人先离开自己的宴会一样，有失礼貌。同时做事情要有善始善终的责任感。

（五）做好记录

每次开会应该指派一位记录者来记录会议的讨论内容。可以确保会议的重要事项被落实，重要建议被记录等，因为这也是会议的目标之一。

二、有礼有节参加线上会议

随着互联网、移动互联网的信息化发展，很多人都参与过线上会议，有电话会议，也有视频会议。

因为可视化会议能够增进会议氛围，因此视频会议也成了志愿服务中常见的一种工作形式，除了有形象方面的要求，其规范也同样适用于所有线上会议。视频会议并不会因为线上这种形式而随意，相反一个真正有素养的志愿者会让礼仪时刻在线。

（一）准时参加

在上午 10 点，你才打开链接参加上午 10 点的会议，这意味着你已经来晚了。在会议室面对面开会，如果是 10 点开会，意味着在上午 9 点 55 分之前，你就应该坐在会议室，并打开笔记本、手机静音准备开会。那么，视频会议也应如此。不要以为数字链接总是会顺利进行，有些技术问题和网络问题难免发生，提前测试并进入会议是职业的做法。进入后你可以将发言思路再整理一下，也可以再测试一下话筒和摄像头，还可以再归纳一下要提出的问题。

（二）确保在线

如果是视频会议，就不要潜水。如果会议有要求就应该打开摄像头。关闭视频不应该是默认设置。头像和姓名不能代替你的实际参会状态，除非有充分的理由，否则出于对会议的重视，参会者应该露面。

（三）形象得体

参加视频会议可能要比参加线下会议心态轻松许多，甚至有些时候在家中就可以参加会议，真的很方便。但仍然要注意形象，视频会议形象包括会议环境、个人形象和个人状态。

1. 会议环境

视频会议环境尽量符合"开会"这种工作状态，即使在家中也最好是在书桌前，并且确保光线充足，"背光"的状态在视频中会非常模糊。避免在厨房、洗手间等非工作感觉的空间，哪怕找一面墙或柜子作背景，也不能后面是抽油烟机、淋浴管道或马桶。视频会议的环境适当整洁，这里的整洁不仅仅指空间，还有可能会影响你注意力的事物，例如咖啡机磨豆的声音、洗衣机甩干的声音等影响注意力的因素，都应该尽量避免其出现。

如果你是会议主要发言人，更需要寻找一个干净整洁的环境，这样可以让与会者关注你的发言而不是你背后的环境，在镜头范围内摆放适宜的办公用品或装饰品，可以减少参会者分心的机会，同时展现出良好的职业素养及个人品位。

视频会议的环境还要确保安静，嘈杂的背景噪音会让发言人烦躁，影响会议质量。不发言时，参会者主动"关闭麦克风"是一个良好的习惯。若中途有事需要离席或有私事要处理，可将摄像头暂时关闭。无论是用手机还是电脑参加会议，都要保持稳定，手机可以采用支架，或稳妥摆放，不要在视频会议中造成手机摇晃跌落的事故。

2. 个人形象

个人形象方面要特别注意穿着可外出的、适合工作的服装，避免家居服、睡衣或过分裸露的着装。无论你在哪里，开会就是一种工作状态，那么就应该穿着工作的服装，比如统一穿着志愿者的红马甲就是一个非常好的选择，方便且具有团队感，还能体现身份和意愿。

记得网络上有一张央视主持人的照片，上面穿着西装、下面穿着短裤，也无不可，因为镜头只拍摄上半身，这样做也保持了出镜的形象规范。其实我们在参加视频会议时，至少做到保证你的上半身具有职业感。

3. 个人状态

个人状态方面要注意的是精神面貌和行为举止，哈气连天、睡眼惺忪会给人懒散懈怠的感觉，因此要精神气质昂扬向上，即使是视频会议，你的一举一动也是具有感染力的。另外，要避免在进行视频会议时吃东西，这种行为不仅会分散个人注意力，而且可能会产生更糟的效果，如果没有静音，咀嚼的声音会干扰会议，应该避免在视频会议中吃口香糖或零食。换句话说，不适合在线下会议中的行为同样也不适合线上会议，不能因为没有面对面就放松个人要求。请记住巴菲特曾经说过的："建立一个良好的形象可能需要几年时间，而毁掉它五分钟就够了。"

此外，还要保持专注的状态，如果在参加视频会议时还在进行其他工作，是很容易被其他参会者看到或感受到。同时，与志愿服务有关的会议，一般都会有相应的事项传达或是组织讨论，如果不能保持专注就可能会错失信息，影响服务工作，身为志愿者参加会议应全神贯注并给予重视。

（四）积极参与

参会志愿者应积极投入并配合会议进行，我们都希望会议高效不拖沓，会议有质量不随意，这一切其实也是每位参会者共同创造的。

聆听时要适当做记录，避免遗漏重要信息。讨论时积极发言，能够会上讨论解决的就不要再一个个私聊，否则会非常耗费时间，也有可能耽误工作进度。因为志愿者的会议一般都是非常必要才开，志愿者参加的活动更要有积极热情的状态。

发言时，要眼睛正视镜头，这是经验，能够提高别人对你发言的关注度。如果说话时一直盯着屏幕上的自己或眼睛望向镜头以外的地方，注意力就好像在别处。讲话时直视镜头会给参会者一种"我很关注"的感觉，参会者好像就在你对面和你沟通，从而营造出良好的互动交流氛围。

在参会过程中要提前对自己手机和电脑的软件做管理，避免频繁有其他通知的提醒声或自动拉起的页面。另外，会议进行中，在镜头范围内随意回复手机信息、接打电话也是非常不礼貌的，会让参会者感到不受尊重或被轻视。

视频过程中始终注意自己的表情、动作和状态，在摄像头面前你的参会言行举止都是"有目共睹"的。

有这样一个网络调查，在进行视频会议时，受访者对以下行为最为不满，应予以避免：

会议进行时手机响起（58%）。

与会者在不适当场所参与会议，例如公共交通工具或者商场内（52%）。

与会者同时进行多项工作或看起来不专心，例如正在打字（51%）。

背景干扰，例如同事的活动、音乐、噪音(50%)。

由此可见，选择合适的参会环境，专注参加会议，减少对会议的干扰是非常重要的。会议作为一种传统的集会方式，对参会者的礼仪要求有很多，那么视频会议同样对参会者有些要求。据调查，多数参与过视频会议的受访者认为有必要设立视频会议的礼仪与规则，良好的视频会议礼仪准则可以帮助我们在工作中更好地使用视频会议。

第4节　线上沟通礼仪规范

曾经的QQ、现在的微信，还有一直在线的电子邮件，这些沟通方式已经成为我们生活和工作的一部分，甚至有时同在一个办公室，你竟然接到了同事的微信，是的，我们已经习惯了，微信也成了志愿服务工作中重要的沟通工具。

你是否遇到过有人给你发大段的语音，每段60秒，你正在志愿工作一线，你非常着急，却没空去听。

你是否遇到新加入的志愿者加了你的微信却不自我介绍，他的微信名是无规则英文字母组合，你想称呼对方却无法开口。

你是否遇到过，在志愿服务工作群你发出了一条通知，却没有人回应。

有人私信你"在吗？在吗？"你一时不知该如何回答，在想：自己应不应该在呢？

你是否遇到过有人半夜给你发微信，一激灵醒来，失眠到天明。

微信等在线沟通方式越来越普及，但工作中微信的使用需要讲礼仪，这是志愿服务工作的必备素养。

一、个人信息管理

（一）头像

头像应该采用积极健康的图片，可以是自己的头像，可以是图片，但总体感觉是明亮阳光的，因为志愿者在人们心中就是阳光美好的。在线留给他人的"第一印象"很重要。

一般来说大家对微信头像会有这样的印象：用自己的正面照片，感觉这个人心胸坦荡；用家人的照片合影，传递的信息是这个人很爱家人；用风景照的人，一般向往远方和自由，或是身份原因不愿透露更多私人信息；用宠物的照片做头像，比较有爱心，给人性格随和的感觉；用卡通头像的人，富有童心和童趣。

网上看到一个段子："每次打开家族群，都感觉像进了植物园一样，因为每一个长辈都是用风景照。"要么是盆栽，要么是风景，要么是自家种的菜。确实，一些中年人比较喜欢这种头像风格，也体现了他们的生活追求和向往，岁月静好悠闲自在。这是中年人专属甚至是偏爱的头像风格。

在一个关于"微信头像会不会影响第一印象？"的调查中，有34.1万人参与投票，其中有30.5万人选择"会影响第一印象"。

其实，当我们添加一个新朋友的微信时，大多都会打开他的头像仔细看看，端详并分析一下。在社交过程中，微信就是向外界展现自我的一个方式。

因此，你的线上头像一定要积极阳光，至少，在从事志愿服务期间修改一下头像是必要的，体现志愿服务精神。

（二）昵称

志愿者有权利充分表达自己，但如果进入志愿服务群，请将"我在群里的昵称"修改一下，比较得体的方式是写明身份和姓名，比如"物资管理志愿者李静"，便于大家的沟通，也可以是"南京大学王丽"，这样也会便于团队的管理。

（三）签名

无论QQ、微信还是微博都会有一个签名信息，可以选择不填，但如果填写，也应选择正面、积极、阳光、富有正能量的内容。

二、添加好友礼仪

（一）怎么加

由于活动需要，建立快捷联系方式是非常必要的。我们以微信为例，事实上这样的"加好友"礼仪适合所有即时通信工具，首先以工作需要为前提，晚辈、职位低者、工作更主动者应首先提出加好友请求，便于工作协调与沟通，这是工作意识的体现，同时出于尊重，应主动在即时通信工具上发起"添加好友"的行为。

申请添加好友一定要写上"姓名＋身份＋寒暄＋感谢"，比如"王组长您好，我是物资组的李莉，很高兴认识您，我们在同一小组，有事随时沟通，谢谢。"这样的信息能够方便对方了解你，并且快速通过，也在沟通中更加明确彼此身份。

（二）打招呼

请问你有没有遇到过这种情况：有人添加了你的微信，微信名是一串摸不着头脑的英文，怕影响工作，你添加了，但他却就此隐身了。你都不知道为什么添加，这是很尴尬的事情，删掉不太合适，怕耽误工作，保留又觉得莫名其妙。

因此，对方通过后要第一时间打招呼，简单介绍及寒暄，比如"谢谢您的通过，工作中我会向您请教的，我们保持联系。"

（三）改备注

通过后第一时间修改备注，否则真的会忘记，下次想找某个人沟通，却拿着手机对应不上。因此，小技巧是一加好友立刻修改备注，让沟通更顺畅。

三、发送信息礼仪

收到大段的语音，有时会让我们崩溃，不知道这是多大多复杂的事情；深夜突然手机提示音连绵不绝，禁不住吓一跳，然后久久再难入睡；"在吗在吗在吗……"一连串的询问，感觉应该24小时守候，那种催促让人心慌，始终不说正事也不知道该不该说在。这样的情形还有很多，常常给人尴尬或不适的感觉。

作为志愿者我们应该很好地掌握在工作情境下发送信息的礼仪。

（一）时间

常规的工作交流应在早上8点至晚上8点，特殊情况可以把发消息的时间提前到早上7点，晚上10点之后就不要再发消息了。当然迫在眉睫的事情除外，因事而定。

因为从事志愿活动也要尊重他人的生活空间，太早太晚发送消息会打扰他人休息，甚至会影响家人。

（二）内容

1. 工作微信，开头问候打招呼，然后直接说主题

发消息时不要问"在吗在吗在吗"，既不礼貌也很容易让收消息的人慌张，在未知的紧急催促之下，真的不敢确定"在不在"。直接说主题可以让对方心里踏实。

2. 工作事情一次说清楚，让对方心中有数

一次性告知、一次性请示、一次性说明，这是工作中非常重要的礼貌，也会极大提高工作效率。而不是连续几十条，这样很容易遗漏信息，并且在阅读时串行，找寻消息不断往上翻，增加了不必要的动作，影响沟通效果。

有一次学生会的一位同学发消息给我，一目了然，非常清晰，让我瞬间点赞，还没来得及读完全部内容，我在心里已经非常愉悦地接受了建议。

纪老师您好，抱歉打扰了，我有三件事情和您确认一下：

（1）明天的志愿者礼仪课是线上线下同步完成，现场会有200位同学，还有4000名大学生在各自学校同步观看，您在现场是否有互动，手持话筒我们已经准备好，如需要耳麦，我们去协调解决。

（2）您的笔记本电脑型号是否方便发给我一下，我提前做好设备测试，我们也准备了备用电脑。

（3）明天的培训是9：00准时开始，因为要进行多方测试，麻烦老师8：20到达会场，我会在校门口接您。

太清楚了，阅读无障碍，理解也很方便。

我迅速回复：

（1）我需要耳麦，因为有动作示范。

（2）笔记本是联想电脑，我试过各种连接设备都没出过问题，我有一个多型号转接口。我也会带U盘。

（3）没问题，明天8：20我会准时到学校门口。

谢谢你的告知，很清晰，明天见哦。

但有时发消息的人会忽略接收者的感受，想到一句发一句，想到哪点说哪点，天马行空零零碎碎，接收者一头雾水，看到很短的几个字为一条消息，但却刷屏，那种感受很难受。编写内容需要条理清晰，段落清楚，标点符号明确标注，便于手机阅读。

一次性说清楚全部事项，便于沟通，也便于回顾内容。

（三）方式

工作沟通尽量采用文字，这样可以增加阅读效率，有时一目十行也能快速了解内容。语音的方式十分不便，外放声音需要适宜的场合，语音转文字也会增加沟通时间，同时有些语音转文字因为方言口语还会出现错误。而且一大段语音，只要有一个字没听清楚，就需要复听整段，即使认真听，耳朵不小心碰到手机，又要重新播放。发语音最大的作用其实是"方便自己"。

工作事宜最好用文字沟通。如果确有不便，也应做一下情况说明，比如"我正在走路赶往赛场，比较着急，就用语音和你沟通"，这样的说明会让接收者心情舒服很多，也会体谅其不便之处。

除非必须，请不要发截图，尤其是一些地址等，对方还需要再自己敲文字才能发出去，文字方式是最好的。也不要没有任何说明就发个截图、链接，这个感觉居高临下，就是"你品，你自己品"的感觉，不利于工作。

四、回复信息礼仪

发送消息礼仪能够体现你的工作素养，回复消息的礼仪也体现了你的工作素质和效率。

（一）速度

及时回复，是对发送消息的人最大的支持，我们发送消息，就非常渴望得到回复。一般都会在线等待，尤其是工作沟通。因此，看到即回复是很重要的。如果不能够快速回答，也应说明一下"我需要请示/沟通/协调/考虑/确认一下，稍后回复你"。如果在路上或者开会，也可以先告知"我在开会/我在路上/我在处理事情，晚点回复你"。如果看到这样的回复，即使没有确切回应，我们也会心中踏实，耐心等待。

如果正在进行志愿服务期间，强烈建议将志愿服务工作群置顶，这样可以确保快速看到消息，以免错过。

（二）方式

发送消息不建议使用语音，同样的道理，回复消息也建议使用文字，因为这样的方式最清晰、最方便。如果接收到语言类的工作微信，即使不方便接听，也需要做出回复"现在不方便接听语音，如有急事，可以发送文字"。

五、工作群沟通礼仪

建立工作群，应提前告知，最好的方式是和在场人沟通建群，非在场人要邀请入群，应先征得同意，请他加入工作群。

有时我们会莫名其妙就进了某个群，这就好像走在路上突然被一辆车拉到某个地方，不由分说且不明所以。即使是工作群，因工作而需要在一起沟通，能够先邀请再进入，也是一种尊重。

建群后应快速修改群名称，名称要针对工作、一目了然。同时群主需要在工作伙伴入群后，编辑群公告，告知建群目的，群内规则。同时有必要向大家介绍一下重要成员，也欢迎大家自我介绍，有利于工作的顺利开展。

既然是工作群，既然有明确的群名称，交流内容就应该只与本群有关，只与工作有关。

工作群里不能发私人生活琐事，不能进行消极的情绪宣泄，工作就应该有工作的状态，以免影响群工作氛围。涉及国家和工作机密的内容也不能发，信息网络时代都有被记录和泄密的可能。低级、庸俗、诅咒、强制、泄露他人隐私、未经确定的信息以及广告都不能发送，无论是在志愿者服务工作群还是其他群都不适宜。永远要记住：你发送的每个信息，都是你素养的体现。

数字时代，我们的沟通和交流越来越多通过线上完成，很多人在一个工作群或通过微信交流，但在不同的城市、负责不同的工作，从来没有见过面，彼此的印象就是在线上建立的。瞧，这不就是数字时代的魅力，同时也是我们应该与时俱进掌握线上沟通礼仪的原因吗？